杜甫

星垂平野阔，
月涌大江流。
——《旅夜书怀》

——《琵琶行》

李白

大鹏一日同风起，
扶摇直上九万里。
——《上李邕》

人闲桂花落，
夜静春山空。
——《鸟鸣涧》

王维

此时无声胜有声。

白居易

苏轼

竹杖芒鞋轻胜马，谁怕？
一蓑烟雨任平生。
——《定风波》

采菊东篱下，
悠然见南山。

王勃

落霞与孤鹜齐飞，
秋水共长天一色。
——《滕王阁序》

知否？知否？
应是绿肥红瘦。
——《如梦令》

李清照

蒲松龄

——《聊斋志异·考城隍》

王粲

迅风拂裳袂，
白露沾衣衿。
——《七哀诗·其二》

——《饮酒·其五》

陶渊明

有花有酒春常在，

假作真时真亦假，

无为有处有还无。

——《红楼梦》

曹雪芹

屈原

路漫漫其修远兮，
吾将上下而求索。
——《离骚》

白马饰金羁，
连翩西北驰。
——《白马篇》

曹植

自古英雄出少年

生花妙笔从何而来

马瑞芳 著

青岛出版集团
青岛出版社

图书在版编目（CIP）数据

生花妙笔从何而来 / 马瑞芳著. — 青岛：青岛出版社，2024.7
ISBN 978-7-5736-2150-4

Ⅰ.①生… Ⅱ.①马… Ⅲ.①文学家－生平事迹－中国－少儿
读物 Ⅳ.①K825.6-49

中国国家版本馆CIP数据核字(2024)第072338号

	ZIGU YINGXIONG CHU SHAONIAN
丛 书 名	**自古英雄出少年**
	SHENGHUA–MIAOBI CONG HE ER LAI
书 名	**生花妙笔从何而来**
著 者	马瑞芳
绘 者	夏 和
封面题字	牛运清
出版发行	青岛出版社
社 址	青岛市崂山区海尔路182号（266061）
本社网址	http://www.qdpub.com
邮购电话	0532-68068091
策划编辑	刘 蕾
责任编辑	张佳琳 马 健
美术编辑	于 洁 李兰香
印 刷	青岛乐喜力科技发展有限公司
出版日期	2024年7月第1版 2024年7月第1次印刷
开 本	16开（710mm×1000mm）
插 页	1
印 张	14
字 数	110千
书 号	ISBN 978-7-5736-2150-4
定 价	36.00元

编校印装质量、盗版监督服务电话：4006532017　0532-68068050
建议陈列类别：少儿人文

目录

序

梁启超的《少年中国说》有这样一段话:

少年智则国智, 少年富则国富,

少年强则国强, 少年独立则国独立,

少年自由则国自由, 少年进步则国进步……

自古英雄出少年, 他们做出了什么样的事迹?

一、栋梁之材如何炼成

古代著名的思想家、政治家、军事家、文艺家是怎样从普普通通的少年成长起来的? 历史提供了很多范例:

万世师表孔子说"三人行, 必有我师"。他不耻下问, 遇到有见解的小孩儿, 他也虚心向孩子学习。

孟子幼时贪玩，于是孟母三迁，选择了最适合儿子成长的地方；孟子废学时，孟母断掉正在织的布，教育儿子不可半途而废。

振兴楚国的令尹孙叔敖幼年就以勇敢、无私，为民除害闻名。

司马迁肩负发扬家族写史的优秀传统的重任，自幼苦学，历尽千难万苦，写成"史家之绝唱，无韵之离骚"的《史记》。

王羲之幼年练字，池子的水都因洗笔而变黑了。他转益多师又坚持创新，成为"书圣"。

刘晏从一个被皇帝提拔的神童，成长为整个大唐"军国所倚"的理财能手。

范仲淹武能安邦，文能定国，他教育的儿子范纯仁成为宋代著名的布衣宰相。

戏剧舞台上的"黑脸包青天"有真实人物做依据。

欧阳修从一个画荻学字的贫弱少年成长为"唐宋八大家"中宋代六家的带头人。

于谦写下《石灰吟》。他两袖清风，以文治武功挽救明朝。

神童张白圭成长为"救世宰相"张居正。

…………

幼年立宏志，终生苦修炼。这是古代栋梁成材的"秘诀"。

二、生花妙笔从何而来

文化是民族的血脉、精神家园。中华五千年文明，涌现出一大批文化巨匠，他们的不凡人生是中华文明史的缩影，他们的佳作闪耀着思想和智慧的光芒。他们的生花妙笔从何而来？

写下传世名作的诗人、作家当然需要天赋，更要上下求索、孜孜以求，特别重要的是，要有爱国精神和高洁情怀。

屈原不仅创作出无比瑰丽的文学作品，还为后世树立了道德标杆。

"才高八斗"的曹植和"七子之冠冕"的王粲，生逢乱世，却有"建安风骨"。他们有理想、有抱负，以文章关注社会、黎民。

保持独立人格、不为五斗米折腰的陶渊明，影响了一代又一代的读书人。

唐诗不仅是中国文学史的奇迹，也是世界诗歌史的奇迹。"诗佛"王维、"诗仙"李白、"诗圣"杜甫、"诗魔"白居易……他们的清词丽句千古传诵：

海内存知己，天涯若比邻。（王勃）

大漠孤烟直，长河落日圆。（王维）

两岸猿声啼不住，轻舟已过万重山。（李白）

朱门酒肉臭，路有冻死骨。（杜甫）

同是天涯沦落人，相逢何必曾相识。（白居易）

他们的诗歌代表了中国诗歌的成就，他们的人生为后世留下深刻的教益：

不论什么家庭出身，平民也好，贵胄也罢，青史留名的诗人往往经历了少年苦读；

不论来自农村还是城市，青史留名的诗人往往热爱大自然，和大自然相融合；

不论做不做官，做多大官，青史留名的诗人往往关心底层人民疾苦，为民请命；

不论是春风得意还是屡遭磨难，青史留名的诗人往往奋进不止。

十六岁左右以两首《如梦令》登上文坛的李清照，受到齐鲁泉水和传统文化的双重哺育。

天才苏东坡用一篇《石钟山记》说明了真正的杰作不是"得来全不费功夫"的，而是要"思考加独创"。

蒲松龄和曹雪芹是两位小说巨匠；《聊斋志异》《红楼梦》一短一长，是流芳百世的千古绝唱。两部小说的横空出世和他们童年苦读息息相关，和他们对传统的继承、再创造密不可分。

从屈原到曹雪芹，名家巨匠的生花妙笔从何而来？他们的事迹可以给当代青少年启示。

三、少年英杰贯穿华夏

孔融四岁让梨；

曹冲七岁称象；

骆宾王写出"鹅鹅鹅"也是在七岁；

王献之八岁时练字用完三缸水；

甘罗十二岁被秦始皇拜为上卿……

谁说女子不如男？

西汉少女缇萦为了救父，闯皇宫给皇帝送信。她不仅救了父亲，还使得皇帝改变了刑法。

十二三岁的李寄勇敢而有智谋。她战胜凶恶的大蛇，为民除害，为女性争光。

北魏少女木兰女扮男装替父从军，保家卫国，身经百战……

自古以来，中华民族的少年英雄层出不穷。

这些杰出人物的精神应该深深地融入当代青少年的血脉中，成为代代相袭的中华精魂，在实现中华民族伟大复兴的中国梦的进程中，成为青少年学习、成材、为国献身的精神动力。

屈原

爱国精神 高洁情怀

端午节，是吃粽子的节日；

端午节，是赛龙舟的节日。

说起端午节的起源，流传较广的说法是纪念伟大爱国诗人屈原。

屈原（约前 340 年—约前 278 年）是中国文人爱国精神和高洁情怀之源头。

中小学生要尽量早点儿知道屈原，并且学一点儿楚辞，最好能背诵《九歌》《天问》《离骚》。

你初读楚辞可能会觉得古奥难懂，但借助专家的注释、解读入门，你一定会爱上它。

楚辞是天马行空的美文妙文，体现着屈原所代表的完美人格精神。

香草美人

在湖北宜昌秭（zǐ）归香溪边，有个神奇的传说：

乐平里有块台地，它看上去像个大香炉。台地周边有石砌的屋基，屋基上原来的房屋是屈家故宅。有一天，屋顶上方香烟缭绕，突然，烟雾中出现一道连天接地的彩虹，彩虹变成耀眼的金桥，只见一团火球沿着金桥落到屋顶，灵光四射，异香飘洒。周围的人惊异不已，纷纷议论时，屈家房里传出响亮的婴儿哭声……

汤漳平《屈原传》里描写了人们给屈原诞生施加的美好想象。

屈原写自己的出身时，特别提到了"香草美人"。

千万不要认为"香草"就是大自然的花花草草，"美人"就是美丽的姑娘。

它们是屈原采用的比喻。香草隐喻美好的事物；美人隐喻品德高尚的人。

屈原在《离骚》开头叙述自己的身世和出生：

　　帝高阳之苗裔兮，朕皇考曰伯庸。

　　摄提贞于孟陬（zōu）兮，惟庚寅吾以降。

　　皇览揆（kuí）余初度兮，肇（zhào）锡余以嘉名。

　　名余曰正则兮，字余曰灵均。

　　纷吾既有此内美兮，又重之以修能。

　　扈（hù）江离与辟芷兮，纫（rèn）秋兰以为佩。

这段楚辞大体上可以用白话复述如下：

　　我是古帝高阳氏的子孙，我去世的父亲字伯庸。

　　岁星在寅那年的寅月，正当庚寅日那天我降生。

　　父亲观察我出生时的情况，赐给我相应的美名。

　　父亲把我的名取为正则，把我的字叫作灵均。

　　我既有很多良好的品质，又有美好的容态。

　　就像把香草披肩上，将秋兰当佩饰，高贵典雅、沉稳蕴藉。

屈原在《离骚》里说自己是楚国王室后裔，父亲叫"伯庸"。他出生时，父亲给他取名"正则"，字"灵均"。他既坚持祖上传下的美德，又重视学习、修养，不断用圣贤之教充实自己。"江离""辟芷""秋兰"并不是指自然界的香草，而是代指屈原为增强学识、道德修养而学的传统文化。

屈原的先辈曾为楚国崛起立下汗马功劳，被楚武王封于屈地。后世子孙以"屈"为姓氏，其实他们是楚国王室分支。屈氏世代担任楚国"莫敖"这一仅次于"令尹"的官职，掌管王室内部事务，兼管教育王室子弟。

那么，将要担当如此重责的少年屈原自己先要学些什么呢？他是如何"扈江离与辟芷兮，纫秋兰以为佩"充实自己的呢？

我们可以从楚庄王（？—前591年）向申叔时①请教太子"功课"的记载中得知，也可以从楚辞的字里行间得知他学习了哪些经典：

学《诗经》可以显德明志，

---

① 申叔时：春秋时期楚庄王时的楚国大夫，是楚国有名的军事战略思想家和教育家。

学《礼》可以知上下之则，

学《乐经》可以去除浮躁杂念，

学《春秋》可以彰善抑恶，

学《世》可以昭明德而废幽昏，

学《故志》可以知兴废而戒惧，

还要学法令、训典……

屈原学习的，主要还是孔子授徒用的"六经"，《世》《故志》是春秋时历史方面的书，现在可能已经失传。

孔子教出七十二贤人，他的弟子的弟子又教出更多贤人，可为什么远在楚国的屈原比这些人的影响都大？

主要是因为：

屈原的作品"逸响伟辞，卓绝一世"①。

屈原九死不悔的爱国情怀和高尚人格使之成为中国文人的道德楷模。

---

① 这是鲁迅对《离骚》的赞誉，出自《汉文学史纲要》。

国殇·哀郢

　　屈原不仅时时刻刻加强自身的文化、道德修养，还注重个人仪表。他长身玉立，英姿勃勃，风度翩翩。

　　大约公元前 320 年，楚怀王召见了只有二十岁左右却因为文采绝妙而闻名六国的屈原，向他征询治国之道。

　　那是百家争鸣的年代，儒家、墨家、道家、法家、兵家各行其是，张仪、苏秦等游说各国。僻处东南的楚国又该如何强大起来抵御外敌呢？

　　屈原给楚怀王的建议是：内修国政，外结诸侯，上下一心，同仇敌忾。对待虎狼之国的强秦，不要草率从事，不然稍有不慎，会授秦国口实，如果秦国兵下南阳①，楚国就危险了！秦灭六国之意已昭然若揭。楚怀王应该对内改革朝政，任贤

---

① 南阳郡：设立于秦昭王时期，秦国为夺取楚国之地而设。

举能，对外结盟强援，才能保证楚国的安全。

楚怀王接受了屈原的意见，公元前318年，他派大夫屈原出使齐国。

屈原来到齐国国都临淄（今山东省淄博市齐都镇），到王宫见齐宣王。

屈原雄辩滔滔、有理有据地回答了齐国君臣提出的各种问题，用对六国形势的精辟剖析说动了齐宣王与楚结盟。

屈原在游览齐国都城后，更加感到结盟的必要，越发加深了他的强国意识。

齐国本来就是大诸侯国，都城临淄比楚国郢（yǐng）都大得多，高大的建筑鳞次栉比，市场繁荣，真是"张袂成阴，挥汗成雨，比肩继踵"。

特别是，这里有稷下学宫！好多诸侯国的著名学者都聚集在这里。

据说，屈原曾隐去楚国使臣身份，像普通青年学子一样旁听名家巨匠讲学。

刚刚从魏国来齐国的孟轲讲仁政，屈原听得句句入耳入心，他就拜访孟轲，倾心长谈。

屈原出使齐国当年，楚、齐、燕、赵、韩、魏六国在楚

国国都会盟，商议联军讨伐秦国。楚怀王在盛大的宴会上请五国贵宾观看屈原作词的大型歌舞《九歌》。

《东皇太一》《东君》《湘夫人》《湘君》《山鬼》……

《国殇》：

操吴戈兮被犀甲，车错毂（gǔ）兮短兵接。

旌蔽日兮敌若云，矢交坠兮士争先。

凌余阵兮躐（liè）余行，左骖（cān）殪（yì）兮右刃伤。

霾两轮兮絷（zhí）四马，援玉枹（fú）兮击鸣鼓。

天时坠兮威灵怒，严杀尽兮弃原野。

出不入兮往不反，平原忽兮路超远。

带长剑兮挟秦弓，首身离兮心不惩。

诚既勇兮又以武，终刚强兮不可凌。

身既死兮神以灵，魂魄毅兮为鬼雄。

惊天地泣鬼神！为保家卫国，楚国将士陷入激战，流箭交错，主帅击鼓振作士气，勇士冒死冲锋陷阵，将士尸横原野，全部阵亡！英雄虽死浩气在！

六国结盟前，楚怀王命屈原负责制定内政外交政策、法令。《史记》记载："（屈原）入则与王图议国事，以出号令；出则接遇宾客，应对诸侯。"

楚怀王在诸侯中成了霸主，屈原成了楚国重臣。

然而，伐秦失败了。八月结盟后不久，楚怀王率领百万大兵来到秦国函谷关，六国联军居然被天险吓破胆，不敢前进。楚怀王虽号称统帅，另外五国联军的主将却各怀鬼胎，只想让别国将士冲锋，生怕损伤自家军队。秦军兵出函谷关，六国联军立即如鸟兽散。秦军打得联军"伏尸百万，流血漂橹"[①]。

然后，各诸侯国争相献媚秦国：你割地，我送城，他求和。

虽然楚怀王仍然相信屈原富国强兵的主张，但是局势很快变了。

楚国公子子兰、上官大夫等纷纷给屈原罗织罪名；纵横家张仪勾结楚怀王夫人郑袖，在楚怀王跟前进谗言，因此，屈原变法被束之高阁，屈原也被疏远，被放逐。

"屈子生楚国，七雄知其材。"（唐·孙郃《古意》）战国时各国的有识之士经常在诸侯国间游走，比如秦国的"士"

---

① 出自贾谊《过秦论》。

在齐国任相,韩国的"士"在赵国为将……朝秦暮楚,司空见惯。但是,不管楚怀王怎样疏离屈原,屈原也决不离开深爱的楚国。

楚怀王一而再,再而三地上秦国的当,最后竟客死秦国。楚国一步一步走向衰落。公元前278年,秦国大将攻破郢,放火焚烧楚国夷陵,继任的楚王顷襄王仓皇出逃,楚国面临灭顶之灾。屈原写下《哀郢》:

> 皇天之不纯命兮,何百姓之震愆(qiān)?
> 民离散而相失兮,方仲春而东迁。

社会动乱,百姓愁苦。国家民族的苦痛,都深深烙在屈原的心灵上。

屈原一心一意想挽回亲爱的楚国,但是楚国的昏君奸臣怎么容得了他?

世人皆浊我独清,世人皆醉我独醒!

绝望的屈原怀抱石头,沉进了汨(mì)罗江。

与日月兮齐光

几千年来，屈原被看成国士楷模、民族英魂。

司马迁在《报任安书》中写："屈原放逐，乃赋《离骚》。"《史记·屈原贾生列传》把屈原和贾谊的生平记载下来，说这两个人都"信而见疑，忠而被谤"[①]。贾谊在《吊屈原赋》中写道："贤圣逆曳兮，方正倒植。"[②]

魏晋时已经把熟读《离骚》看作"名士"的标准："名士不必须奇才。但使常得无事，痛饮酒，熟读《离骚》，便可称名士。"（《世说新语》）

诗圣杜甫把屈原当作终生榜样——"窃攀屈宋宜方驾"（《戏为六绝句》），"宋"传说是指屈原的弟子宋玉。

千古奇才苏轼也膜拜屈原。他曾到秭归拜屈原庙，写下

---

① 诚信却被怀疑，忠实却被诽谤。
② 正人君子不被重用，本应居高位者反居下位。

《屈原庙赋》。他说："吾文终其身企慕而不能及万一者，惟屈子一人耳。"

中国古代小说的两座高峰——《聊斋志异》《红楼梦》，一文一白，一短一长，千古流传，万世流芳。两位小说家都继承了屈原的精神。

蒲松龄《聊斋自志》的第一句话就是："披萝带荔，三闾氏感而为骚。"屈原被称"三闾大夫"，《九歌·山鬼》的开头是"若有人兮山之阿，披薛（bì）荔兮带女萝"。可见，《聊斋志异》是继承屈原精神而创作的。

曹雪芹写贾宝玉总是在大观园诗会中名落孙山，但在前八十回接近结束时，他的《芙蓉女儿诔（lěi）》几乎使他在红楼儿女创作中夺魁，晴雯被描写成高洁的女神。这是贾宝玉"远师楚人"，也就是发扬屈原精神的结果。

封建社会士大夫学习屈原的例子更是数不胜数、举不胜举。

两千多年过去了，屈原的精神依然存在。

楚辞：本为楚地歌谣。战国时楚国屈原吸收其营养，创作出《离骚》等鸿篇巨制。后人模仿《离骚》，写出了许多名篇，成为一种有特点的诗歌体裁，通称楚辞。西汉刘向编成《楚辞》集，东汉王逸又有所增添，分章加注成《楚辞章句》。

美人香草：比喻国君及忠贞贤良的人，象征忠君爱国的思想。出自王逸《离骚序》："《离骚》之文，依《诗》取兴，引类譬喻，故善鸟、香草，以配忠贞……灵修、美人，以媲于君。"屈原在《离骚》中也说："惟草木之零落兮，恐美人之迟暮。"

春兰秋菊：春天的兰草，秋天的菊花，在不同的季节里，各有独特的风姿。比喻各有专长。出自《楚辞·九歌·礼魂》："春兰兮秋菊，长无绝兮终古。"

上下求索：形容努力寻求、探索。出自屈原《离骚》："路漫漫其修远兮，吾将上下而求索。"

曹植

才高八斗赋新词

"才高八斗"这一成语是从哪儿来的？

它出自中国山水诗的开创者、南朝谢灵运的一句话。

谢灵运说："天下文学之才总共一石（dàn），曹子建 ① 独占八斗，我占一斗，天下其他人共分剩下的一斗。"谢灵运认为自己的文学之才相当于天下其他人的总和，牛皮吹得不轻，但他认为曹植的才能是他的八倍，说明他对曹植钦佩至极。

---

① 曹植，字子建。

捐躯赴国难，视死忽如归

曹植（192年—232年）是曹操之子、曹丕之弟。

曹植天资聪颖，《三国志·魏书·陈思王植传》说他"年十岁余，诵读诗论及辞赋数十万言，善属文"。他自己则说是"生乎乱，长乎军"。他常随父亲南征北战，在雄才大略的父亲影响下，曹植早年很希望建功立业，"戮力上国，流惠下民"①。

曹植十七岁时，曹操担任东汉丞相。两年后，曹操下令"唯才是举，吾得用之"。曹植写《七启》为父亲广纳文士才俊。建安十五年（210年），铜雀台建成，曹操率群臣和几个儿子登台，下令各为其赋。曹植援笔立成，文采斐然，立即轰动邺（yè）城（曹魏都城，今河北临漳西南），掀起一波热潮。

---

① 戮力上国，流惠下民：见于曹植《与杨祖德书》，指尽力报效国家，造福百姓。

曹操对曹植之才尤为欣赏，后来一度有立曹植为世子、让其继承王位的想法。

由于文才出众，曹植一度春风得意。他前期的诗歌充满着乐观浪漫的情调。他在《薤（xiè）露行》中表达了想做汉室的忠诚臣子的意思："愿得展功勤，输力于明君。怀此王佐才，慷慨独不群。"他的《白马篇》淋漓尽致地表达出他的理想、抱负：

白马饰金羁，连翩西北驰。

借问谁家子，幽并游侠儿。

少小去乡邑，扬声沙漠垂。

宿昔秉良弓，楛（hù）矢何参差。

控弦破左的，右发摧月支。

仰手接飞猱，俯身散马蹄。

狡捷过猴猿，勇剽若豹螭（chī）。

边城多警急，虏骑数迁移。

羽檄从北来，厉马登高堤。

长驱蹈匈奴，左顾凌鲜卑。

弃身锋刃端，性命安可怀？

父母且不顾，何言子与妻！

名编壮士籍，不得中顾私。

捐躯赴国难，视死忽如归！

游侠骑着佩戴金色马具的白马告别家乡，到边塞建功立勋。他时刻紧握手中的弓箭，身手敏捷超过猿猴猎豹。他听说边疆军情危急，立即策马飞奔，随大军扫荡匈奴、鲜卑。他面对刀光剑影，从不考虑个人安危。一旦姓名上了壮士录，父母妻儿都不能照顾，他为国家危难奋不顾身、视死如归！

《白马篇》塑造了一个身手矫捷、勇赴国难的英雄形象，表达了曹植早年的雄心壮志，在政治上、文学上，他都有超人的自信。

政治悲剧激发诗歌才华

后来，曹植失宠。一个原因是曹丕为了世子之位处心积虑，深自砥砺，获得了曹操的信任；另一个原因是已经获封临淄侯的曹植恃才傲物，任性而为。曹操被封魏王之后建了富丽堂皇的魏王宫，宫内等级森严。曹植偏偏醉酒纵马奔驰，闯入魏王宫禁区。曹操知道后大怒，把管魏王宫宫门的官员处死，也因此对曹植大失所望。于是，曹操对曹植的态度从"始者谓子建，儿中最可定大事"转变为"自临淄侯植私出，开司马门至金门，令吾异目视此儿矣"。（《三国志·魏书》）

曹植闯魏王宫后不久，曹操立曹丕为魏世子。

曹家兄弟的明争暗斗还在进行：建安二十三年（218 年）曹操出征刘备，曹家兄弟给父亲送行时，曹植大声朗诵歌颂曹操的文章，曹操很高兴。大臣吴质告诉曹丕："你一定要对父亲边拜边泣，一言不发！"结果曹操及周围的人都认为，

曹植虽然文采斐然，但是敬爱父亲之心、担忧父亲之情，远不及曹丕。建安二十四年（219年），因为曹仁被关羽所困，曹操派曹植担任南中郎将、征虏将军，前去救援。即将出发时，曹丕故意把曹植灌醉，于是曹植没能依照曹操的命令按时出发，曹操大怒，后来借故把曹植的心腹杨修杀了。

建安二十五年（220年），曹操去世，曹丕继位。同年，曹丕逼汉献帝禅让。

做了魏国开国皇帝的曹丕对几个兄弟的迫害有增无减。黄初四年（223年），曹植和同母兄曹彰、异母弟曹彪，奉命去京城参加"会节气"①活动。"武艺壮猛、有将领之气"的曹彰刚到洛阳，就莫名其妙地暴死。据《世说新语》记载，他是被曹丕毒死的。会节气过后，曹植和曹彪回自己的封地，曹丕规定曹植、曹彪在路上要分开走，不许接触，还派人监视他们。本来兄弟三人入朝，现在只剩下两人，两人还没有自由，曹植怒火满腔，写下传诵千古的名诗《赠白马王彪》。这首抒情长诗写他离洛阳、渡洛水的惆怅之情；写路途艰难的悲怆之情；写被小人离间、兄弟被迫分别的愤懑。面对初

---

① 会节气：魏国制定的朝会仪式，每年在立春、立夏、立秋、立冬四个节气之前，各诸侯要到都城和皇帝一同进行"迎气之礼"。

秋原野的萧条，曹植更加悲悼亲兄弟"任城王"曹彰，不得不强自宽解，和"白马王"曹彪互相慰勉。这首诗看似是控诉曹丕的鹰犬爪牙对曹家兄弟的迫害，实际是抗议曹丕对兄弟的不仁不义。诗歌感情充沛，文辞凝练，字字珠玑：

鸱枭鸣衡轭（è），豺狼当路衢（qú）。

苍蝇间白黑，谗巧令亲疏。

…………

太息将何为，天命与我违。

奈何念同生，一往形不归。

孤魂翔故域，灵柩寄京师。

存者忽复过，亡殁（mò）身自衰。

人生处一世，去若朝露晞（xī）。

年在桑榆间，影响不能追。

自顾非金石，咄唶（jiè）令心悲。

…………

离别永无会，执手将何时？

王其爱玉体，俱享黄发期。

收泪即长路，援笔从此辞。

　　曹植不敢直接写对兄长的不满，而是将怒气发泄到"谗巧令亲疏"的佞臣身上，其实他心里特别清楚：无论是曹彰之死，还是他和曹彪像囚徒一样被监控，失去兄弟相聚的机会，都是那个皇帝哥哥亲自操纵的！

　　《赠白马王彪》最能代表曹植后期作品的成就，不过在大众心目中，他最有影响力的诗还是《七步诗》：

　　　　煮豆持作羹，漉菽以为汁。

　　　　萁在釜下燃，豆在釜中泣。

　　　　本自同根生，相煎何太急？

　　皇帝哥哥曹丕想找理由杀弟弟曹植，出难题要求他七步成诗，结果"难"出一首经典之作。

中国美神

比《赠白马王彪》早一年，曹植的《洛神赋》横空出世。

中国文学史要感谢曹植，继宋玉之后，他创作出了更美的女性形象，中国有了美神。

曹植对洛神的描绘常被看作描绘中国古代美女的典范。

曹植写洛神出现：

翩若惊鸿，婉若游龙。荣曜秋菊，华茂春松。

洛神好像是扇动着美丽翅膀的小鸟，

好像是游动在天空活泼的龙，

好像是秋天光辉的雏菊，

好像是春天丰茂的嫩松。

四句都是比喻，没有具体描写。接着曹植写道：

远而望之，皓若太阳升朝霞；迫而察之，灼若
芙蕖出渌波。

远看洛神，好像从一片彩霞中升起的太阳；近看洛神，
好像美丽的芙蓉花在碧波上迎风摇摆。

这里仍然没有具体描写，还是比喻。

然后，曹植才写洛神到底什么样子：

秾纤得中，修短合度。肩若削成，腰如约素。
延颈秀项，皓质呈露。

"秾纤得中"，就是不胖不瘦，既不丰腴，也不瘦弱；

"修短合度"，不高不矮；

"肩若削成"，肩膀灵巧瘦削；

"腰如约素"，字面意思是洛神的腰像一束紧紧捆起来
的白色绸缎，引申意思是洛神腰部纤细；

"延颈秀项"，洛神的脖子优美圆润，修长细腻；

"皓质呈露"，洛神的皮肤白皙。

用现代汉语说：洛神不高不矮，不胖不瘦，削肩细腰，肤色如玉，美极了，和谐极了。

这样的美人一出来，"仿佛兮若轻云之蔽月"，月亮的光彩都被她遮住了。

学者长期争论洛神的原型是谁，其实是没有太大意义的。《洛神赋》描写的是香草美人的文学想象，是中国文人心目中的理想之美和理想幻灭之痛。

文史小知识

三曹：建安文学的代表人物曹操、曹丕、曹植。曹操笔力雄健，情怀慷慨，代表作《蒿里行》《步出夏门行·观沧海》《短歌行·对酒当歌》；曹丕情思纤丽，婉约清新，代表作《燕歌行》《大墙上蒿行》《典论·论文》；曹植感情激越，文采富艳，代表作《白马篇》《赠白马王彪》《洛神赋》。"三曹"杰出的诗赋，促成"建安风骨"的诞生和发展。

建安文学：汉末建安时期的文学。建安是汉献帝的年号。文学史上的建安时期指的是建安至魏初的一段时间。建安文学的代表人物最主要是三曹（曹操、曹丕、曹植），以及建安七子孔融、陈琳、王粲、徐幹、阮瑀、应玚（yáng）、刘桢。

词句学习角

七步成诗：形容才思敏捷。典故出自《世说新语·文学》，写的是曹丕对兄弟曹植相逼，限其七步成诗。

翩若惊鸿：翩，轻盈的样子；惊鸿，如雁鸿之惊。形容女子姿态优美矫健。出自曹植《洛神赋》："翩若惊鸿，婉若游龙。"

王 粲

建安七子的佼佼者

我的父母一共养育了七个子女。我母亲喜欢说古论今，我小时就听她说"七是个好数，东汉有建安七子，元代有全真七子，明代有前七子后七子"。我母亲望子成龙，望女成凤。

我在 1960 年考入了山东大学中文系。在学习汉代文学的时候，我"遇到"了建安七子。

"建安七子"这个称呼是曹丕在《典论·论文》里提出来的：

今之文人，鲁国孔融文举，广陵陈琳孔璋，山阳王粲仲宣，北海徐幹伟长，陈留阮瑀元瑜，汝南应玚德琏，东平刘桢公幹：斯七子者，于学无所遗，于辞无所假，咸以自骋骥（jì）騄（lù）于千里，仰齐足而并驰。

　　曹丕认为，孔融、陈琳、王粲、徐幹、阮瑀、应场、刘桢这七个人，学识渊博，写文章不因袭他人，总能有所创新，像一日千里的骏马并肩奔驰在文学的原野上。

　　王粲（177年—217年）不仅名列建安七子，而且成就最大，在当时与"才高八斗"的曹植并称"曹王"。南朝梁大文学评论家刘勰在《文心雕龙·才略》中赞誉王粲为"七子之冠冕"。

　　王粲的文学成就突出，他少年成名的人生经历也特别有趣。

蔡邕倒履相迎

前几年我在中央电视台《百家说故事》栏目讲过"蔡邕（yōng）倒履迎王粲"。

人们常用"手忙脚乱"来形容遇到特殊情况时的慌乱。如果一个素负盛名的成年人因为一个少年到访，在出去迎接时慌乱得连鞋子都穿倒了，是不是特别耐人寻味？

东汉时期的著名文学家、书法家、音乐家，大才女蔡文姬的父亲蔡邕，官至左中郎将，人们习惯称他"蔡中郎"。他虽然身居高位，但从不摆架子，平时跟人交往也总是和和气气，家里常常是"名家巨匠常来往，车马盈门遮道看"。

有一天，蔡邕正在客厅与来访的朋友讨论学问，门童进来报告说，门外来了一个客人，叫王粲。

蔡邕听到后，迅速起身，急急忙忙蹬上鞋往门外跑，慌忙之中，他的鞋穿反了。

到底是右脚的鞋穿到了左脚上，还是把鞋跟穿到前边了？

历史上没有详细记载，很有可能是后者。

在座宾客一看蔡大人如此慌张，对来的人如此重视，不免琢磨议论：

来的人一定是个地位显赫的大人物！说不定是皇亲国戚。

大家好奇地想看看来的到底是谁。

当王粲进入客厅时，满座宾客几乎惊掉了下巴。

"粲至，年既幼弱，容状短小，一坐尽惊。"

原来王粲是个十几岁的少年，而且身材瘦弱矮小，看不出有什么过人之处。

大家纳闷儿：官居高位的一代大儒蔡邕，至于对一个小孩儿如此敬重吗？

蔡邕看到大家惊愕的神色，就向大家介绍王粲："有异才，吾不如也。吾家书籍文章，尽当与之。"

意思是说，王粲智力超群，天赋异禀，才能出众，我不如他。我收藏的书籍文章，将来要全部由他传承。蔡邕去世后，亲人履行其遗言，将数车藏书六千余卷赠给了王粲。

蔡邕没有儿子，在当时属于"无嗣"，是件悲惨的事。然而蔡邕做梦也想不到，后来自己的女儿蔡琰的文学地位不仅高于王粲，也高于父亲蔡邕。谁说女子不如男？

"蔡邕倒履迎王粲"的故事立即被传扬得无人不知。除此之外，史书上还记载了有关王粲过目不忘的小故事：

王粲和友人同行，看见路边有座古碑的碑文写得不错。王粲好奇地站住，大声朗读了一遍。友人问王粲："你能背诵吗？"王粲回答："能。"友人当即叫王粲转过身去背诵碑文，王粲背得一字不差。

有一次，王粲旁观别人下围棋。有人因碰乱了棋子而沮丧不已，王粲说："我能按原来的局势把棋子重新摆好。"下棋的人不信，就拿出块手帕盖在棋盘上，换个棋盘让王粲重摆，结果，王粲摆得一点儿错误也没有！

出口成章　倚马立待

　　王粲出身名门，但他绝对不"啃老"——不靠老一辈的名气和家财在社会上立足。

　　王粲的曾祖父王龚，在汉顺帝时任太尉；祖父王畅，在汉灵帝时任司空，他既是名士又位列三公；王粲的父亲王谦，曾任大将军何进的长史。

　　身世如此显赫的王粲却一点儿纨绔子弟的恶习都没有，他自幼苦读诗书，十几岁就写得一手漂亮文章。

　　王粲十七岁时到荆州去投靠担任荆州牧①的同乡刘表。刘表见他状貌不扬，身体羸弱，不太看重他。

　　不久，长沙太守张羡听从桓阶的建议，发动长沙、零陵、桂阳三郡之兵背叛刘表，于是刘表发兵讨伐。王粲执笔写《三

---

　　① 荆州牧：荆州的最高官员。牧，古代治民之官。

辅论》。"长沙不轨，敢作乱违。我牧睹其然，乃赫尔发愤；且上征下战，去暴举顺。"《三辅论》严正声明刘表师出有名，征伐张羡是为了天下太平。

官渡之战后两年，袁绍病死，他的儿子袁谭、袁尚兄弟阋（xì）墙①。刘表为了劝和，让王粲代笔写《为刘荆州谏袁谭书》和《为刘荆州与袁尚书》，劝袁氏兄弟不要作阋墙之斗，而要联合御侮。两封书信既晓之以理，又动之以情，虽然出自少年王粲之手，但能表现出皇亲兼封疆大吏刘表的风度气势，雄辩滔滔，文采飞扬。《为刘荆州谏袁谭书》深情回忆刘表跟袁绍的交情："孤与太公，志同愿等，虽楚、魏绝邈，山河迥远，戮力乃心，共奖王室，使非族不干吾盟，异类不绝吾好，此孤与太公无二之所致也。"意思是说，我跟袁绍两个人宗族不同，地域各异，为了共同的敌人都能团结在一起，你们亲兄弟难道不能和谐共处吗？他对袁家兄弟的纷争痛心入骨，告诫袁谭：一个人背亲弃义，连至亲都不容忍，去联合外人，怎么可能长久立于社会？②他劝诫袁尚：你跟兄长闹

---

① 阋墙：指兄弟之间的纠纷，也指内部斗争。
② 原文为"未有弃亲即异，兀其根本，而能全于长世者也"。

矛盾，既背叛了国家，也背叛了刚刚去世的父亲。① 你应该把国家利益和家族荣誉放到首位，不要和兄长兵戎相见。②

刘表劝和袁氏兄弟并未成功，少年王粲代刘表写的两封书信却成为千古名作。明末复社领袖张溥在《王侍中集题辞》中评价王粲，说他不但文章纵横，更是"言诚仁人"。王粲代写的信，"疾呼泣血，无救阋墙"——没有劝解成功并不是信写得不好，而是袁绍的继承人朽木不可雕。

王粲后来进入曹操的幕府，受到赏识和重用。当时，钟繇（yáo）、王朗等著名文人都任魏王卿相，但一到写急用的朝廷奏议时，这些年长的"写手"常措手不及，只有王粲能下笔千言，倚马可待。《三国志·魏书·王粲传》说王粲擅长写文章，他总能一挥而就，从来不用修改，时人常常以为他是预先写好的。然而其他人经过反复精心构思写出的文章也没法超过王粲。王粲还擅于计算，能用很简捷的方式算出正确答案，是个文理全才。

王粲跟曹操的两个儿子曹丕、曹植关系密切，彼此常有诗赋往来。

---

① 原文为"进有国家倾危之虑，退有先公遗恨之负"。
② 原文为"不争雄雄之势；惟国是康"。

《世说新语》留下一段"驴鸣送葬"的佳话：

公元217年（建安二十二年），王粲病逝，时年四十一岁。当时的曹丕还是世子，亲自率领众文士为其送葬。为了寄托对王粲的眷恋之情，曹丕对王粲的生前好友们说："仲宣平日最爱听驴叫，让我们学一次驴叫，为他送行吧！"

于是，王粲的墓前传出一片驴叫声。

这就是著名的"驴鸣送葬"。

其中一头"驴"是未来魏国的开国皇帝魏文帝。

葬礼之后，曹植作《王仲宣诔》深情纪念。

辞章纵横　才气满纸

　　王粲的诗歌代表作《七哀诗》比曹操享有盛誉的《蒿里行》
创作得还早。《七哀诗》是反映汉末战乱的优秀诗篇。这组
诗是王粲在避乱荆州途中所作，此诗通过亲身见闻，展示了
汉末战乱给人民造成的深重苦难。第一首写得尤其力透纸背：

　　　　西京乱无象，豺虎方遘（gòu）患。

　　　　复弃中国去，委身适荆蛮。

　　　　亲戚对我悲，朋友相追攀。

　　　　出门无所见，白骨蔽平原。

　　　　路有饥妇人，抱子弃草间。

　　　　顾闻号泣声，挥涕独不还。

　　最凶恶的虎狼盘踞在京都，黎民没活路，饿莩（piǎo）遍地。

"出门无所见，白骨蔽平原"真实而形象地概括出当时中原地区遭受战火洗劫后的惨象。母亲狠心丢弃爱子，更传达出当时社会的凄楚气氛。《七哀诗》将叙事、描写、抒情融为一体。清人沈德潜说："此杜少陵《无家别》《垂老别》诸篇之祖也。"意思是王粲的《七哀诗》为诗圣杜甫的现实主义诗歌创作开辟了路径。

汉代文学的重要成就是汉赋，司马相如、扬雄、班固、张衡是著名的汉赋四大家。汉赋的特点是体物写志，文辞华美。王粲的《登楼赋》既有汉赋的特点，又能够深刻地描写出社会动乱中心灵的痛苦。我们看看《登楼赋》最后一段：

惟日月之逾迈兮，俟（sì）河清其未极。
（想到时光一天一天流逝，等待天下太平要到什么时候！）

冀王道之一平兮，假高衢而骋力。
（期望王道平易，在太平盛世施展自己的才能。）

惧匏（páo）瓜之徒悬兮，畏井渫（xiè）之莫食。

49

（担心像葫芦瓢徒然挂着不被使用；害怕整治了水井，虽井水清澈却无人饮用。）

步栖迟以徙倚兮，白日忽其将匿。
（慢慢踱步游息徘徊，太阳很快就要下山。）

风萧瑟而并兴兮，天惨惨而无色。
（萧瑟的寒风刮起，天色阴沉沉暗了下来。）

兽狂顾以求群兮，鸟相鸣而举翼。
（野兽慌乱地寻找兽群，鸟雀纷纷鸣叫展翅高飞。）

原野阒（qù）其无人兮，征夫行而未息。
（原野寂静没有游人，只有征夫不停行走。）

心凄怆以感发兮，意忉（dāo）怛（dá）而憯（cǎn）恻。
（心情凄凉悲怆，充满了忧伤和悲痛。）

循阶除而下降兮，气交愤于胸臆。

（沿着台阶走下楼，心中气愤难平。）

夜参半而不寐兮，怅盘桓（huán）以反侧。

（半夜还不能入睡，惆怅徘徊，翻来覆去睡不着。）

　　括号里是我做的译文。少年读者需要知道，任何译文，哪怕是名家的，都有可能是"硬译"，也就是基本能解译语意，却未必能得其精髓。译文虽然能帮助初学者明白文言文的含义，但若想真正体味古文，尤其是汉赋的魅力，必须得一句一句仔细阅读甚至背诵原文。

《**典论**》：文艺理论批评著作，三国曹丕所著，共五卷。此书已失传，只有《论文》一篇因被《文选》收录而得以完整保存下来。文章表达了重视文学作品的地位、作用及特点的思想，反映了汉魏之际文学观念的演变。

《**文心雕龙**》：中国古代文学理论著作，作者是南朝梁刘勰。书中总结了前代的文学现象，论述了文学中的一些重要问题，既强调以儒家思想为最高准则，也重视文学艺术自身的特征。全书系统完整，把文学理论批评推向新的高度，成为中国文学批评史上杰出的著作。

词句学习角

风流云散：像风和云那样流动散开。比喻原来常相聚的人四下离散。出自王粲《赠蔡子笃》："风流云散，一别如雨。"

力透纸背：原形容书法绘画笔力遒劲有力，后形容诗文立意深刻，词语精练。唐代颜真卿说："其用锋，常欲使其透过纸背。"

倚马可待：指倚着即将出征的战马起草文件，可以立即完稿。形容才思敏捷，能力出众。

陶渊明

结庐在人境　而无车马喧

陶渊明（约365年—427年），名潜，字元亮，别号"五柳先生"。

陶渊明的田园诗，是古代田园诗的翘楚；

五柳先生的志趣，是古代士子的精神寄托。

在红尘纷扰、争名夺利的时代，他怎会安心"采菊东篱下，悠然见南山"？

这得从他的家世和童年生活说起。

读书学琴　性爱丘山

　　"陶母截发留宾"是古代贤媛事迹。《世说新语》记载，陶渊明的曾祖父陶侃年少有大志但家境贫寒。一天，名士范逵路遇风雪，投宿陶家。陶家无钱待客，陶母湛氏卖掉头发换米，用房子的柱子烧火，把草垫子剁了给客人喂马。范逵回洛阳后盛赞陶侃，当地太守举陶侃孝廉[①]。从此，陶侃步入仕途，成为东汉有作为的廉洁官员。

　　陶渊明的外祖父孟嘉是东晋名士。大将军桓温慕名请他做参军。孟嘉在重阳节随桓温到龙山赏菊时，官帽被风吹落，他浑然不觉。有人当场写文章调侃，孟嘉挥笔写下漂亮文字回应，潇洒机智，不失风度。从此"孟嘉落帽"成为风姿潇洒、文思敏捷的代名词。李白游龙山还写下"醉看风落帽"。

---

① 举孝廉：汉朝一种由地方推选人才为官的制度。孝，指孝子；廉指廉洁的人。

孟嘉厌倦官场：升官，不去；皇帝召见，不往。他辞官闲居，读书、饮酒、看花。

李长之先生在《陶渊明传》的《陶渊明的两个重要先辈——陶侃和孟嘉》中指出，陶渊明对这两位先辈有异乎寻常的崇拜，且深受他们影响。陶渊明的风度、爱好、习惯，都能从这两位先辈身上找到影子。

到陶渊明父亲时，陶家已家境寻常。陶渊明八岁时父亲病逝，家境更雪上加霜，于是他过起亦耕亦读的生活。家里没有奴仆，一切家务自己做。清晨即起，打扫庭院，汲水灌园，烧火做饭。"春秋代谢，有务中园"。他勤劳、朴实，日出而作，日落而息。陶渊明不"像"农民，而"是"农民。他边劳动，边抽空读书。园林美好，鸟鸣声声，《诗》《书》《礼》《易》《春秋》《左传》……甚至读杂书都开卷有益、乐趣无穷：

少年罕人事，游好在六经。

——《〈饮酒〉二十首·其十六》

孟夏草木长，绕屋树扶疏。

众鸟欣有托，吾亦爱吾庐。

既耕亦已种，时还读我书。

…………

泛览周王传，流观山海图。

俯仰终宇宙，不乐复何如！

——《读〈山海经〉十三首·其一》

少学琴书，偶爱闲静。开卷有得，便欣然忘食。
见树木交荫，时鸟变声，亦复欢然有喜。常言五六
月中，北窗下卧，遇凉风暂至，自谓是羲皇上人。

——《与子俨等疏》

陶渊明觉得能这样读书，简直就像伏羲氏等太古时代的
人那样，达到了心无俗念、悠然恬淡的境界。

陶渊明在《五柳先生传》里说："好读书，不求甚解。
每有会意，便欣然忘食。"他天生爱读书，广泛涉猎，乐而忘食。

少年陶渊明有什么爱好呢？

一爱读书弹琴，二爱大自然。

这种习惯，他延续了一生。

毅然投冠还家园

陶渊明二十九岁到四十一岁离家做官，共十三年，中间曾重归田园。

陶渊明做官是为名利吗？不是，是因为他靠自耕自食活不下去了。他在《归去来兮辞》里说得明白，孩子多却没粮食吃，靠他种田、妻子织布，已不具备维持基本生活的条件了，亲戚朋友劝他出去做官：

> 余家贫，耕植不足以自给。幼稚盈室，瓶无储粟，生生所资，未见其术。亲故多劝余为长吏，脱然有怀，求之靡途。

尽管陶渊明想清清爽爽地读书，但他不能让年老的母亲、年幼的孩子饿着！

不少人做官为出将入相、高官厚禄，陶渊明却为借微薄的薪水养活家人。

陶渊明做过什么官？他做过州祭酒[1]、参军[2]。后来，他因为厌倦了官场而重回田园，可仍然要养家，所以，他靠着叔叔的关系，担任了离家百里的彭泽县县令。

陶渊明发现，朝廷上下乌烟瘴气，有学问有志向且为黎民着想的官吏寥若晨星。陶渊明曾有猛志、壮志，想报国济民，但面对尸位素餐的高层、蝇营狗苟的同僚，他满腹才学无处施展也无法施展，于是写了《感士不遇赋》：

宁固穷以济意，不委屈而累己。既轩冕之非荣，岂缊袍之为耻！

宁可过窘迫的生活，也不能委曲求全，让人格受到污辱！高车驷马有什么可炫耀？只要心性高洁，穿破衣烂衫有什么可耻？

---

① 祭酒：古代官职。原指祭祀或宴会时，由年高望重者一人举酒领祭。西晋改为国子祭酒，主管国子学或太学。
② 参军：此处指东晋将军府幕僚。

陶渊明第三次辞官，且再也不回去了。

据萧统《陶渊明传》记载，因妻子善于治家，陶渊明在彭泽县令任上时，家里已有百亩良田，稻子和高粱各种一半。陶渊明回归家园时，"僮仆欢迎，稚子候门"。他拉着小儿子的手进门，妻子已经把酒摆好了。

采菊东篱下，悠然见南山

陶渊明辞官回乡，真正过上了躬耕田园的生活，心情十分愉悦。《归园田居·其一》淋漓尽致地表达了这种心情：

少无适俗韵，性本爱丘山。

误落尘网中，一去三十年。

羁鸟恋旧林，池鱼思故渊。

开荒南野际，守拙归园田。

方宅十余亩，草屋八九间。

榆柳荫后檐，桃李罗堂前。

暧暧远人村，依依墟里烟。

狗吠深巷中，鸡鸣桑树颠。

户庭无尘杂，虚室有余闲。

久在樊笼里，复得返自然。

草房、炊烟、榆柳、桃李、狗吠、鸡鸣，普普通通的事物在陶渊明笔下是那样的清新恬静，都带着喜气。陶渊明像鱼归池塘，鸟归密林，亲近自然让他找回自我，放飞自我。这里的"三十年"应是十三年之误。终于从十三年官场牢笼般的生活中解脱出来的陶渊明，融入了淳朴的乡村，远离了尔虞我诈，无须虚与委蛇，邻里"相见无杂言，但道桑麻长"。晨烟暮霭，春煦秋阴，案头有书，灶头有酒，心复何言？

"采菊东篱下，悠然见南山"成了千古传唱的名句，成了一种生活态度。

与此同时，陶渊明的佳作，一篇一篇，一首一首，沛然而出。

他为中国文学提供了新流派：田园诗。词语天然，却平淡中见警策；

他顺便写了篇《桃花源记》，随手写了部《搜神后记》，都是经典；

他"安贫乐道"的为人准则，影响了一代代后人；

他是飘逸的中古诗人，总能给世世代代仁人志士提供思想滋养。

林语堂说："陶渊明是整个中国文学传统上最和谐最完

美的人物……他的生活方式和风格是简朴的，令人自然敬畏，
会使那些较聪明与熟识世故的人自惭形秽。"

文史小知识

田园诗：描写农村自然景物、田园生活的诗派，产生于东晋末年，风格质朴淡雅。田园诗通过歌咏自然景物，表达一种特定的情感，如对官场的厌恶、归隐田园的悠然自得及高洁的志趣等。陶渊明是田园诗的开创者，他的《归去来兮辞》《归园田居》等为代表作。陶渊明以纯朴自然的语言、高远拔俗的意境为中国诗坛开辟了新天地。

词句学习角

不为五斗米折腰： "五斗米"，指微薄的俸禄（官员薪水）；"折腰"，鞠躬作揖。比喻为人清高有骨气，不为利禄动心。出自《晋书·陶潜传》。陶渊明担任彭泽县令时，督邮来视察，趾高气扬，县吏提醒陶渊明穿上官服拜见督邮，陶渊明"叹曰：'吾不能为五斗米折腰，拳拳事乡里小人邪！'"立即辞官回归田园。

不知有汉，无论魏晋： 不知道历史上有个汉朝，更不用说魏晋两朝了。原意是桃源中人与世隔绝，对外界一无所知。后常用以形容人浅陋无知。出自陶渊明《桃花源记》："问今是何世，乃不知有汉，无论魏晋。"

王勃

落霞秋水　少年奇才

唐诗巍然屹立于世界文坛，初唐四杰是唐诗的"凤头"。

王勃以年轻生命的刚健骨气，燃明"四杰"的星空。

中小学生哪个不会背诵"海内存知己，天涯若比邻"？

中国读者哪个不知道这两句奇美文辞"落霞与孤鹜齐飞，秋水共长天一色"？

少年奇才王勃给后世留下清词丽句，也留下成材的经验教训。

九岁娃为大儒"指瑕"

王勃（650年—676年），字子安，出身于文史世家、名家。

唐传奇是与唐诗并称一代之奇。王勃的叔祖王度以《古镜记》开唐传奇先河。这位隋朝的著作郎还奉诏修国史。

隋末唐初的著名诗人王绩也是王勃的叔祖，王绩十五岁时拜见了权倾朝野的杨素，被称为"神童仙子"，进而名动隋都大兴城。他以《野望》揭开初唐诗卷，展示了宁静而朴厚的诗歌境界，"树树皆秋色，山山唯落晖"脍炙人口。

王勃是从几岁开始读书的？不知道。《旧唐书》说他六岁时已经善于写文章，构思、文辞都精妙："六岁解属文，构思无滞，词情英迈。"那时的六岁是虚岁，周岁是五岁。

特别奇怪的是，这个娃娃还能一心二用，可以左手跟人下围棋，右手提笔写诗。

王勃不到十岁已博览群书，还能独立思考。唐初，颜师古任秘书监，他的《汉书注》很有影响力。王勃在对照阅读班固的《汉书》和颜师古的《汉书注》时，发现颜师古的注本有多处错漏，于是提笔写下《汉书注指瑕》。他旁征博引，洋洋洒洒地写了十卷。九岁娃娃"指瑕"当代大儒，轰动一时。

这是不是隔代遗传？王勃祖父"文中子"王通是隋代著名思想家、经学家、教育家，他的学生中有唐朝名臣李靖、房玄龄、魏征等。

王勃把《诗》《书》《礼》《论语》《孟子》一股脑儿地装到脑袋里，再学《黄帝内经》，学《易经》。他本来可以沿着祖父的"大儒"路继续往下走，但更吸引他的却是先秦诸子作品，《史记》，楚辞这样的文学佳作。他十几岁时，和杨炯成为好友，并拜识了骆宾王。这都使他心无旁骛，沿着叔祖王绩的"诗"途，走出一片新天地。

海内存知己，天涯若比邻

为进仕途而写信求名人推荐是唐代的风气，这一"干谒"①的做法，王勃比李白做得早。十五岁那年，王勃在家乡龙门听说右相刘祥道巡行路过汾阴，就一气呵成写出《上刘右相书》递上去。信里写道："圣人以四海为家，英宰与千龄合契。"②一番才气横溢的谈古说今之后，王勃石破天惊地追问：

趋步麟台之上，亦复知天下有遗俊乎？

您这位给圣上识拔人才的大臣，知不知道还有位有才能的重要人物被您忽略了？

---

① 干谒：古代文人学子为了求官职而向地位高的人献上诗文作品的行为。唐代的干谒风气尤为兴盛。

② 这句话赞美君主以天下为己任，把握时代机遇，造福国家。

谁是那"遗俊"啊？就是我十五岁的王勃呀！

右相刘祥道一向以举德荐贤、秉公执法被朝野称道。他接到王勃文风俊逸的信后拍案叫好，连称"神童神童"！他认为这是国之祥瑞，马上给皇帝上表推荐。王勃应试，名列前茅，被授予朝散郎，属于从七品文官。这一年是乾封元年（666年）。

更重要的是，他与朋友交往留下了杰出的诗作。

朋友杜某要到蜀州担任县尉（少府），王勃给他送行。

杜少府即席吟出一首五言诗：

　　　山河绵周秦，烟霞多迷津。

　　　前路知何处，蜀乡无故人。

　　　鸿影疑似己，乌鹊惊芳邻。

　　　草色入深闺，杏花织玉巾。

杜少府化用了曹操"乌鹊南飞""何枝可依"，表达了与朋友依依惜别的惆怅之情。

王勃拍案叫好，用杜少府的原韵和一首送别诗，给杜少

府诗中的伤感来了个大"翻案"：

> 城阙辅三秦，风烟望五津。
>
> 与君离别意，同是宦游人。
>
> 海内存知己，天涯若比邻。
>
> 无为在歧路，儿女共沾巾。

送别无伤感，无惆怅，有真诚的友谊和热切的共勉，有雄杰之风和慷慨情怀。

《送杜少府之任蜀州》立即从长安传遍全国。

王勃文名大涨，他有点儿飘飘然不知所以了。

文字游戏惹大祸

乾封元年，王勃被任命为朝散郎后，写了许多漂亮文章，如《乾元殿颂》《宸游东岳颂》。他每写一篇，都"长安纸贵"[①]，唐高宗李治非常欣赏王勃。

乾封二年（667 年），十八岁的王勃再次得到重用，被朝廷派去做沛王府修撰。王勃成了皇子李贤的侍读，这是他人生的高光时刻。

可是不久后，王勃却因为逞才显能惹了大祸。

唐代有民谣："生儿不用识文字，斗鸡走马胜读书。"当时王孙贵胄间盛行斗鸡游戏，唐高宗的儿子沛王李贤、英王李哲都是狂热的斗鸡爱好者，两人不惜一掷千金买斗鸡，都认为自己的斗鸡漂亮善斗、天下无敌。兄弟二人约定举行

---

① 长安纸贵是对"洛阳纸贵"的化用。洛阳纸贵：晋代文学家左思《三都赋》写成后，洛阳的豪贵之家竞相传写，导致纸价昂贵。比喻著作流传广泛。

一场斗鸡比赛。

两位皇子要搞斗鸡比赛，立即成了长安街头的"热点"。

沛王李贤为取得胜利，想先造舆论。他要求王勃给他写篇向英王斗鸡挑战的檄文，年轻且有顽童心性的王勃欣然替沛王捉刀代笔，写了篇《檄英王鸡》。

《檄英王鸡》什么意思？就是皇子沛王给皇子英王的斗鸡下战书。

檄文是古代两军对垒、兵戎相见时发的表示势不两立的战书。

王勃的《檄英王鸡》写得漂亮，"两雄不堪并立，一啄何敢自安"，"昂首而来，绝胜鹤立；鼓翅以往，亦类鹏抟"，"羽书捷至，惊闻鹅鸭之声；血战功成，快睹鹰鹯（zhān）之逐"……辞藻华美，典故繁复，对仗工整，很有气势。一言以蔽之：沛王的斗鸡一定要，也一定会战胜英王的斗鸡。

王勃没有意识到自己的身份是朝廷命官，是来辅佐皇子，帮助他读书修德、效忠父王、维护唐王朝的，不是来做皇子的帮闲、家奴，听任甚至纵容他玩乐的。

沛王的《檄英王鸡》立刻成了长安城的热门话题。

世人议论纷纷：斗个鸡都要发战书，难道唐太宗玄武门事件又要爆发了？

　　按照常理，英王手下的人会写"应战书"，但查不到相关的史料。估计英王身边的人比王勃更懂官场特别是皇室规矩。

　　王勃的诗文，都会有人及时送到他的"骨灰级粉丝"唐高宗李治手里。

　　唐高宗读到《檄英王鸡》大发雷霆：

　　"王勃啊王勃，派你辅佐沛王，是期望你帮助皇子好好读书，你竟然鼓励他玩物丧志！英王和沛王什么关系？骨肉兄弟。你用檄文挑拨兄弟感情，会酿成皇室内乱的！"

　　唐高宗立刻下圣旨：

　　王勃罢官，立即逐出长安！

　　就这样，王勃无限惆怅地离开了他希望在其中大展雄才的长安。

落霞孤鹜　秋水长天

上元二年（675 年），王勃想去探望父亲。

那时王勃之父王福畤被唐高宗贬为交趾[①]县令。

王勃一路南行，经过洪都（江西南昌）。

江西都督阎伯屿刚刚重修了滕王阁，他要在滕王阁上大宴宾客，请文人墨客写诗。阎伯屿的女婿吴子章是小有名气的才子，为彰显女婿的才名，阎伯屿先让女婿苦心经营写好一篇文章，准备在大宴宾客时让他"挥笔立就"，把那篇文章作滕王阁组诗的序。

计划很美好，变化却很突然。

山珍海味，觥筹交错；中华瓜果，琳琅满目。

阎伯屿在宴席上谦恭地请各位名人雅士赐文赋诗。

[①] 交趾：古县名，今越南河内西北。

宾客心领神会，个个谦让，不肯抢都督爱婿的风头。

吴子章马上要"脱颖而出"了……

突然，来了位不速之客：名动大唐的王勃。

众人高兴：江南名楼，就得大唐名人题咏！

阎伯屿尴尬，不得不先虚让"子安先生"赐文赋诗。

王勃对滕王阁的历史了然于胸，当他亲眼看到滕王阁时兴奋不已，于是当仁不让，提笔就写。

有机会当场看大唐才子写文章，千载难逢！众人围了个水泄不通。

阎伯屿和女婿大失所望，躲到旁边的房间，听这边的动静。

围观者兴奋至极，王勃写一句，他们就哄然齐声高诵一句。

王勃："豫章故郡，洪都新府。星分翼轸，地接衡庐。襟三江而带五湖，控蛮荆而引瓯越。"

阎伯屿听了，不屑一顾，说："老生常谈，未见新意。"

王勃："……家君作宰，路出名区；童子何知，躬逢胜饯。"

阎伯屿听了，说："嗯，有点儿意思。"

王勃："时维九月，序属三秋。潦水尽而寒潭清，烟光凝而暮山紫。……"

阎伯屿听迷了。

王勃："落霞与孤鹜齐飞，秋水共长天一色。"

阎伯屿惊呼："神来之笔！不愧我大唐英杰！"

王勃后边的"渔舟唱晚，响穷彭蠡之滨；雁阵惊寒，声断衡阳之浦""关山难越，谁悲失路之人？萍水相逢，尽是他乡之客"都是佳句，但阎伯屿觉得，有"落霞"这两句，足以让滕王阁增光添彩、万古留名。

王勃的《滕王阁序》写了什么内容？大意是：汉代的豫章郡城，新设的洪州都府，联结衡山和庐山，以三江五湖为衣带。物产华美，土地灵秀，主人与宾客皆是优秀人物。名望崇高的都督阎公在此暂留，高朋满座。家父做县令，年幼无知的我有幸参加这盛大的宴会。这里有潭水、云烟、山峦、长洲，有凌空的楼阁、华丽的宫殿、钟鸣鼎食的富贵人家、雕青雀黄龙花纹的大船。云消雨停，阳光普照，天空晴朗，"落霞与孤鹜齐飞，秋水共长天一色"……放眼远望，惆怅万端，我冒昧地作短短的引言和小诗，请各位像潘岳、陆机①一样展现宏才。

然后，王勃写了一首诗：

---

① 潘岳、陆机：西晋诗坛代表作家，合称潘陆。

滕王高阁临江渚，佩玉鸣鸾罢歌舞。

画栋朝飞南浦云，珠帘暮卷西山雨。

闲云潭影日悠悠，物换星移几度秋。

阁中帝子今何在？槛外长江空自流。

后来汤显祖在《牡丹亭》中，把"朝飞暮卷"用到自己的词里了。①

王勃写《滕王阁序》的过程，《唐摭（zhí）言》等书有记载，后来冯梦龙在《醒世恒言·马当神风送滕王阁》里也绘影绘声地描写过。

告别滕王阁，王勃到交趾探望父亲，归途中船遇风浪，溺水而亡，年仅二十七岁。

旷世奇才王勃，为中华文明增添了华文丽句；他英年早逝，令人叹惋。

---

① 这里指汤显祖《牡丹亭》中的句子："朝飞暮卷，云霞翠轩；雨丝风片，烟波画船——锦屏人忒看的这韶光贱！"

初唐四杰：指初唐文学家王勃、杨炯、卢照邻和骆宾王。"四杰"的说法见于《旧唐书·文苑·杨炯传》。他们的诗文虽还沿袭南朝齐梁以来的绮丽习气，但题材较广泛，风格也很清峻，对扭转初唐文学的风气起了一定作用。

滕王阁：与黄鹤楼、岳阳楼并称"江南三大名楼"，位于江西省南昌市赣江与抚河故道交汇处，始建于唐永徽四年（653年），因唐太宗李世民之弟滕王李元婴始建而得名。

钟鸣鼎食：也作"鸣钟食鼎"。指遍地都是房屋，家家都是每餐必奏乐，有丰盛饭食鼎器的富贵人家。形容贵族的豪奢生活。王勃《滕王阁序》中说："闾阎扑地，钟鸣鼎食之家。"

觥筹交错：觥，古代的一种酒器；筹，行酒令的筹码。酒器和酒筹交互错杂。形容相聚宴饮的欢乐。

心无旁骛：没有另外的追求。形容心思集中，专心致志。

王维

弱冠进士　诗画奇才

　　开元、天宝年间是唐代也是中国封建社会的极盛时期，这时涌现出大批秉承着山川日月灵秀的诗人。唐诗三杰——"诗佛"王维，"诗仙"李白，"诗圣"杜甫是其中的代表。

　　王维（约 701 年—761 年），字摩诘，他既是盛唐山水田园诗的代表作家，又是著名画家、音乐家。他刚过弱冠之年（二十岁）就在千军万马过独木桥的科举考试中考中进士。

　　这位不可多得的天才、全才，自幼苦读，九岁写得一手漂亮文章，十七岁写出传诵千古的名句。

每逢佳节倍思亲

　　"每逢佳节倍思亲"这句俗语原本是句诗，出自王维十七岁时在长安写的《九月九日忆山东兄弟》：

　　　　独在异乡为异客，每逢佳节倍思亲。
　　　　遥知兄弟登高处，遍插茱萸①少一人。

　　这里的"山东"恰好在今天的山西省。王维是山西太原人，后迁居蒲州——在山西华山之东，所以他想念山西的兄弟叫"忆山东兄弟"。

　　王维的父亲王处廉曾任汾州司马，娶妻崔氏，育有五子

---

① 茱萸（zhūyú）：一种有浓烈香气的植物。古时人们认为重阳节插戴茱萸可以避灾克邪。王维是长子，有四个弟弟，当他的弟弟们重阳节登高采香草时，"遍插茱萸少一人"，弟弟们想念远方的长兄，身在长安的王维也思念弟弟。

二女，王维是长子。太原王家和崔家都是名门，王维幼时，父母不惜重金给他请名师，教他学"四书五经"、古文诗赋、绘画音乐。传说他的绘画老师是有"吴带当风"①美誉的唐代画圣吴道子。名师出高徒，后来王维画的近五米长的壁画《辋（wǎng）川图》名震画坛。至于音乐，则是家学渊源。王维祖父王胄（zhòu）是著名音乐家，担任过宫廷协律郎。母亲崔氏从王家兄弟幼时就教他们读佛经。王维和大弟王缙（jìn）都少年成名，王缙做官做到宰相。王维做到尚书右丞，人称"王右丞"。

后来，王维父亲突然病故，年少的王维就承担起了顶门立户的责任。他一边帮助母亲处理家事，一边刻苦攻读，还督促弟弟好好读书，希望王家兄弟能尽快金榜题名，好改换门庭。

十五岁时，王维进入大唐首都长安。他遵照母命，去拜望王家、崔家的亲戚，结识两家以及长安豪门那些风华正茂的少年郎。此时他写下了四首《少年行》：

① 吴带当风：唐代著名画家吴道子（约 680 年—759 年）画的人物活灵活现，似乎衣带被风吹着飘起来，故有"吴带当风"的说法。

其一

新丰美酒斗十千，咸阳游侠多少年。

相逢意气为君饮，系马高楼垂柳边。

其二

出身仕汉羽林郎，初随骠骑战渔阳。

孰知不向边庭苦，纵死犹闻侠骨香。

…………

少年王维名满长安，《新唐书》说他"名盛于开元、天宝间，豪英贵人虚左以迎，宁、薛诸王待若师友"。豪门贵族都待王维为上宾，几位亲王也把他当成朋友。

靠诗歌写得好、文章写得妙就能引起权贵、亲王乃至皇帝的青睐，是盛唐时期特殊的文化现象。王维的运气似乎更是好得出奇。

使至塞上

　　唐代薛用弱著有《集异记》，顾名思义，这本书收集的是奇闻逸事。书里生动记载了王维在科举考试中青云直上的传奇经历。

　　王维不仅诗写得好，还精通音律，弹得一手好琵琶，因此，他成了唐睿宗第四个儿子岐王的座上客。岐王很想让王维在科举考试中拔得头筹，但是他的势力不及太平公主。太平公主的推荐才是一言九鼎。传说宰相张九龄的亲弟弟张九皋经常出入太平公主府，公主已经打算推荐张九皋了。岐王告诉王维："把你写的诗抄上十几首，把你创作的琵琶曲好好练一下，到时候弹给太平公主听。"

　　王维弹的《郁轮袍》像天外之音，惊艳了公主，王维的诗更让她觉得人才难得，她说："早就读过这些诗，还以为是古人的佳作，没想到是您的！"公主"因令更衣，升之客右"，

王维成了公主尊贵的座上客。公主向王维明确表示：一定推荐你。

《集异记》的描述是否完全属实，已没法考证。估计确有王维受到太平公主青睐的事，薛用弱做了夸张化描写。

开元九年（721年），二十多岁的王维进士及第。

王维被任命为太乐丞。那时，太乐令负责朝廷大型仪式的乐曲演奏，太乐丞是太乐令的副手，从八品。王维继承了祖父的传统官职，大展音乐才能，他创作的歌曲经常由当时最著名的歌手李龟年演唱，从而得到了唐玄宗的欣赏。

王维把画竹发展成古往今来一种专门的绘画门类。他还擅长写真，曾经给好友孟浩然画像，他笔下的孟浩然"颀而长，峭而瘦，衣白袍"。张彦远在《历代名画记》中称赞了他的绘画。

以进士身份迈进官场的王维，也想建功立业，以文治武功扬名。他曾经到过塞外，写下《从军行》《出塞作》《送元二使安西》，特别是《使至塞上》：

单车欲问边，属国过居延。

征蓬出汉塞，归雁入胡天。

大漠孤烟直，长河落日圆。

萧关逢候骑，都护在燕然。

年少气盛的使者轻车简从出使塞外，只有北飞的大雁伴随。他望着无边无尽的长河、辽阔地平线上的落日、大漠孤堡上的烽烟，想着保家卫民的职责，所以他慷慨激昂，豪情满怀，声调豪逸高朗，语句一字千钧。

名句"大漠孤烟直，长河落日圆"，不知道得到历代多少人吟诵，就连曹雪芹在《红楼梦》中写香菱学诗，都得让"速成诗人"香菱讲讲她对这两句诗的体味。

诗中有画　画中有诗

　　既然进入了仕途，王维就不得不在官场沉浮，但他过的是一种特殊生活：亦官亦隐。他曾经先后在淇上①、嵩山、终南山隐居，最后在终南山建"辋川别业"定居，终老于此。

　　比起做官，王维更热爱焚香独坐诵佛经，弹琴绘画写山水诗。

　　因为精通绘画、音乐，王维描写大自然的诗句像一幅一幅明丽的图画。他不仅创造出诗画交融的明媚意境，而且他的诗中还隐隐有琵琶、古筝的叮咚声伴奏，比如：

　　　　日落江湖白，潮来天地青。

　　　　　　　　　　　　　　　——《送邢桂州》

---

① 淇上：淇水之旁，在今河南登封市。

荆溪白石出，天寒红叶稀。

——《山中》

白云回望合，青霭入看无。

——《终南山》

独坐幽篁里，弹琴复长啸。
深林人不知，明月来相照。

——《竹里馆》

王维用画家擅长辨别色彩的眼睛观察自然，用诗人细如发丝的情思体味自然：写绿水，写红叶，写白云，写青霭，写新雨，写晚秋，写竹喧，写流水……写雅人在竹林弹琴，只有明月是他的伴侣。他以礼佛般的心态感受大自然，从静穆的大自然中感受生生不息的乐趣。他写的山水诗，诗中有画，画中有诗，这奠定了他在唐诗史上的地位。

《辋川集》：诗歌集。收录了唐代诗人王维和裴迪的诗作。王维在《辋川集序》中说："余别业在辋川山谷……与裴迪闲暇各赋绝句云尔。"《辋川集》描写了辋川的幽美景色，表现了诗人澄澈脱俗的心境，风格清空自然，为后世称道。

阳关三叠：古曲名。从唐代以来开始流行。唐王维《送元二使安西》（又作《渭城曲》）："渭城朝雨浥轻尘，客舍青青柳色新。劝君更尽一杯酒，西出阳关无故人。"后人将阳关三叠看作送别之曲。因王维的诗要反复吟唱三遍，所以叫"阳关三叠"。现在的人多认为，"三叠"的"三"不是三次，而是多次的意思。

词句学习角

诗中有画，画中有诗：北宋苏轼对唐代王维诗画风格特点和艺术效果的评论，现多指诗、画可以相互渗透，相互吸收，相互生发，扬长避短，以丰富艺术形象的创造。出自《书摩诘蓝田烟雨图》："味摩诘之诗，诗中有画；观摩诘之画，画中有诗。"

李白

为诗歌而生的谪仙人

床前明月光，

疑是地上霜。

举头望明月，

低头思故乡。

李白这首诗，在中国可谓家喻户晓。

那么，李白的故乡在哪里？

李白的少年时代是怎么度过的？

这段少年岁月对天才诗人的一生起到了什么作用？

杂学旁收　聪慧少年

　　李白（701 年—762 年），字太白，号青莲居士，祖籍甘肃陇西成纪，远祖是汉代名将李广，其先人因罪被派到碎叶戍边。碎叶属大唐安西都护府，在今吉尔吉斯斯坦托克马克附近。李白出生于此，四岁时随父亲移居四川昌隆县青莲乡（现为四川江油市）。

　　李白自幼就有建立宏图大业的理想，"申管、晏之谈，谋帝王之术，奋其智能，愿为辅弼，使寰区大定，海县清一"（《代寿山答孟少府移文书》）。他希望像管仲、晏婴那样辅佐帝王，使国家强盛，黎庶安定。

　　李白读书很早，但他读的不是古代出将入相者该读的经书，他说自己"五岁诵六甲，十岁观百家"（《上安州裴长史书》）。《李白传》的作者李长之先生认为此处的"六甲"是指道家的内容。李白还研究佛经，并且"十五好剑术"，还喜欢名山大川。他曾跟随一位隐士在成都青城山住了好几年，养了上千种珍禽异鸟。李白一声呼哨，珍禽异鸟就飞到他手心吃东西。

少年李白喜欢的和儒家所推崇的是两股道上跑的车。

古代科举制度从隋代开始，到唐代渐渐成熟。读书人通过科举求功名，要读"四书""五经"、写试帖诗。李白对所谓的"经典"，除常吟诵《诗经》外，对《论语》《孟子》之类没多大兴趣。他对《楚辞》《庄子》却百读不厌。他的父亲也不逼他读经典，倒鼓励他诵读司马相如的《子虚赋》。这一读，李白就"私心慕之"，更不喜欢练习八股文和试帖诗了，而是"十五观奇书，作赋凌相如"，随手写出一些和科举考试根本不搭界的东西，比如：

> 昔者屈原既放，迁于湘流。心死旧楚，魂飞长楸。听江风之裊裊，闻岭狖之啾啾。永埋骨于渌水，怨怀王之不收。
>
> ——《拟恨赋》

犬吠水声中，桃花带雨浓。

树深时见鹿，溪午不闻钟。

野竹分青霭，飞泉挂碧峰。

无人知所去，愁倚两三松。

——《访戴天山道士不遇》

四郊阴霭散，开户半蟾生。

万里舒霜合，一条江练横。

出时山眼白，高后海心明。

为惜如团扇，长吟到五更。

——《雨后望月》

峨眉山月半轮秋，影入平羌江水流。

夜发清溪向三峡，思君不见下渝州。

——《峨眉山月歌》

这类"玩意儿"送到科举考官眼前，他们连看都不会看。

但李白乐此不疲。他就是喜欢大自然，喜欢诗歌，喜欢侠客传，喜欢天马行空、上天入地的瑰丽想象。让这样的天才局促于八股文、试帖诗，还不如干脆杀了他！

我青少年时不知背诵过多少太白诗，常想象李白的模样像美男诗人嵇康——身长七尺八寸，容止出众，挺立如岩上松，醉倒如玉山倾……

可惜李白身高不到七尺（一米六零左右），稍微矮点儿。

没啥，又不是选排球运动员！

妙不可言的是，李白的眼睛特别大，特别有神。见过他的人记载，李白的眼睛粲然发光，眼神像猛虎般犀利。目为心之苗，李白长了双诗人的眼睛。他是谪仙，相传是母亲梦到长庚星入怀而生，是天上最明亮的星暂住人间。他观察世界、描绘世界，给千秋万代留下奇诗丽句！

穿紫色长袍的李白腰挎宝剑，目若朗星，口若悬河，俨然风度翩翩美少年。

李白斗酒诗百篇

　　盛唐文人写信写文章求人荐举自己是社会风气，李白也未能免俗。他给荆州大都督府的韩朝宗写过自荐信《与韩荆州书》，信里的两句话被千古传诵："白闻天下谈士相聚而言曰：'生不用封万户侯，但愿一识韩荆州。'""识韩"[1]后来成了常用语，当时李白的信却石沉大海。没想到，有心栽花花不开，无心插柳柳成荫，功名像天上的陨石猛然砸中了他。这是不是饮酒饮出来的机遇？

　　诗圣杜甫的《饮中八仙歌》[2]生动谐趣地记载了几位盛唐文人的醉态，其中：

---

① 识韩：指初次见到平生所仰慕的人。
② 饮中八仙歌：杜甫的一首肖像诗，对当时号称"酒中八仙"的李白、贺知章、李琎、李适之、崔宗之、苏晋、张旭、焦遂进行了描写。

李白一斗诗百篇，长安市上酒家眠。

天子呼来不上船，自称臣是酒中仙。

杜甫比李白小十一岁，是李白的"骨灰级粉丝"和"小迷弟"。杜甫写过好多首回忆李白的诗。李白《鲁郡东石门送杜二甫》写他们同游齐鲁后分手："飞蓬各自远，且尽手中杯！"此后李白的诗中再没出现杜甫。

"饮中八仙"的头一位是这样的："知章骑马似乘船，眼花落井水底眠。"贺知章是武则天时的状元，时任集贤院学士，这位以《回乡偶书》而家喻户晓的诗人向唐玄宗推荐了新秀李白①。

没经过任何一级科举考试的李白，一步登天，被唐玄宗任命为翰林供奉。

翰林李供奉给唐玄宗贡献了三首描绘绝代佳人杨贵妃的诗：

---

① 李白是怎样奉召入京的，史料有几种不同的说法：《李翰林集序》中，魏颢说玉真公主向唐玄宗推荐了李白；李阳冰在《草堂集序》中说，李白写诗的名气大，被唐玄宗所知。安旗《李白传》中写，贺知章出于爱才而推荐李白。

云想衣裳花想容，春风拂槛露华浓。

若非群玉山头见，会向瑶台月下逢。

一枝红艳露凝香，云雨巫山枉断肠。

借问汉宫谁得似，可怜飞燕倚新妆。

名花倾国两相欢，长得君王带笑看。

解得春风无限恨，沉香亭北倚阑干。

唐人李濬《松窗杂录》记述了李白赋诗的情形：开元年间，皇宫牡丹栽植很多，有红、紫、浅红、纯白四色，唐玄宗让人把牡丹移植到兴庆池东边的沉香亭前。牡丹盛开时，玄宗乘着月色清明，召杨贵妃坐车赏牡丹花，下令皇宫乐队选歌曲演唱。全国首屈一指的歌手李龟年领着乐队，到皇帝和贵妃跟前打算演唱原有歌词。唐玄宗说："赏名花，对妃子，怎么可以用旧乐词？"于是，皇帝下令李龟年持金花笺宣李白进宫，让李白用《清平调》填词三章。当时李白喝得大醉，却提笔就写，把名花和倾国写得雍容华贵，仪态万方。

唐玄宗命梨园弟子配乐，叫李龟年唱李白刚写的《清平调》。唐玄宗亲自吹玉笛伴奏，每一曲末尾，为了让杨贵妃高兴，他特意延长最后一句的曲调。杨贵妃喝完西凉葡萄酒，再三拜谢皇上。

几百年后《新唐书·李白传》记载：李白应诏至长安。唐玄宗在金銮殿召见他并赐食给他，而且亲自为他调羹，还下诏让他担任翰林供奉。有一次，玄宗在沉香亭召他写配乐的诗，他却在长安酒肆喝得大醉。

唐代范传正在为李白撰写的碑文中描绘：玄宗泛舟白莲池，召李白写文章。李白已在翰林院喝醉，玄宗命高力士扶他上船来见。范传正比李白小几十岁，他在安徽当涂任职时，曾访问李白的孙女，并把李白墓迁到他生前喜欢的青山。

翰林李供奉赋诗，后来被演义成各种版本，编进戏剧小说。有的说，李白写的不是关于杨贵妃的诗，而是回答番邦挑战的"国书"。番邦发来番文国书，谁也看不懂，唐玄宗下诏请来李白，李白喝得大醉，高力士给他脱靴，杨贵妃给他磨墨。李白先铿锵流利地把番书朗读了一遍，再提笔用番文写出"吓蛮书"，大大震慑了番邦……

奉旨写诗的确荣耀，但这不是李白希望的。

　　李白有报国雄心，他不想做弄臣似的文学侍臣！

　　李白不同凡俗，不肯和"楚国青蝇"①般的达官贵人同流合污，结果遭到朝中权贵诋毁，不久被皇帝"赐金放还"，于是他云游名山大川，专职写诗去了。

---

　　① 楚国青蝇：指小人。出自李白的《鞠歌行》，"楚国青蝇何太多，连城白璧遭谗毁"。

李白诗歌的多样美

李白流传下来一千多首诗，这些诗内容丰富，形式多样。李白诗歌之美也尤为多样。

他的诗歌有大河奔流般的气势，展示李白狂放自信的人格风采：

上有六龙回日之高标，下有冲波逆折之回川。黄鹤之飞尚不得过，猿猱（náo）欲度愁攀援。青泥何盘盘，百步九折萦岩峦。扪参历井仰胁息，以手抚膺坐长叹。

问君西游何时还？畏途巉（chán）岩不可攀。但见悲鸟号古木，雄飞雌从绕林间。又闻子规啼夜月，愁空山。蜀道之难，难于上青天；使人听此凋朱颜！

——《蜀道难》

君不见黄河之水天上来，奔流到海不复回。君
不见高堂明镜悲白发，朝如青丝暮成雪。人生得意
须尽欢，莫使金樽空对月。天生我材必有用，千金
散尽还复来。

——《将进酒》

长风破浪会有时，直挂云帆济沧海。

——《行路难·其一》

且放白鹿青崖间，须行即骑访名山。安能摧眉
折腰事权贵，使我不得开心颜？

——《梦游天姥吟留别》

不管古代还是当代，不管中国还是外国，没有任何一个
诗人能写出李白这样的词句！

《红楼梦》中林黛玉教香菱写诗，告诉她要熟读李白的
绝句。林黛玉不仅是杰出的诗人还是很好的教书匠。李白的"五
绝"和"七绝"，放在唐诗里都是写得极好的。

中小学生哪个不能背诵下面的一首或几首诗？

日照香炉生紫烟，遥看瀑布挂前川。

飞流直下三千尺，疑是银河落九天。

——《望庐山瀑布》

朝辞白帝彩云间，千里江陵一日还。

两岸猿声啼不住，轻舟已过万重山。

——《早发白帝城》

众鸟高飞尽，孤云独去闲。

相看两不厌，只有敬亭山。

——《独坐敬亭山》

故人西辞黄鹤楼，烟花三月下扬州。

孤帆远影碧空尽，唯见长江天际流。

——《黄鹤楼送孟浩然之广陵》

脱去官场羁绊，丢弃名缰利锁，李白在大自然的怀抱中获得了审美愉悦。人和山川，和瀑布，和云彩，和碧空，和飞鸟，和树木，浑然一体，明净秀美，潇洒飘逸。李白流传下的159首绝句，都是他在漫游人间生活时落笔而成的绝唱，它们共同构成千古奇才李白的写真图：一个率真的朋友，一个洒脱的诗人，一个大写的人。

我从少年时代就特别喜欢李白的一首不算特别有名的绝句：

李白乘舟将欲行，忽闻岸上踏歌声。

桃花潭水深千尺，不及汪伦送我情。

——《赠汪伦》

这里埋藏着李白的一件交友趣事。汪伦，开元年间任安徽泾（jīng）县县令，卸任后，因留恋桃花潭，将家迁往泾县，居桃花潭畔。汪伦听说李白旅居在安徽南陵的叔父李阳冰那里，就写信邀请李白到桃花潭做客："先生好游乎？此处有十里桃花；先生好饮乎？此处有万家酒店。"李白欣然前往，汪伦搬出用桃花潭水酿成的美酒与李白同饮，笑着告诉李白："桃花者，十里外潭水名也，并无十里桃花。万家者，开酒店的主人姓万，并非有万家酒店。"李白听后大笑，很高兴自己上了一次当。汪伦留李白住了数日，每日以美酒相待。离别时，汪伦设宴为李白饯行，拍手踏脚唱民歌《踏歌》相送，李白立即写下《赠汪伦》。就这样，名不见经传的小诗人汪伦就跟着李白永载诗歌史了。

李白是天之骄子，在中国诗歌史上有崇高的、不可替代的地位。

杜甫多次指出李白盖世无比的诗歌魅力：

白也诗无敌，飘然思不群。

——《春日忆李白》

笔落惊风雨，诗成泣鬼神。

——《寄李十二白二十韵》

后世大诗人苏轼、陆游都受李白的影响。

但世间只有一个李白，谁也别想模仿。

人们只能静下心，好好欣赏，仔细学习。

文史小知识

盛唐气象：指盛唐时期诗歌笔力雄壮、气象浑厚的整体风格特征。唐朝是中国诗歌史上的黄金时代，盛唐诗是唐诗史上的高峰，这个时期出现了王维、李白、杜甫这三位分别被称为诗佛、诗仙、诗圣的伟大诗人，还出现了张说、张九龄、张若虚、孟浩然、高适、岑参、王昌龄、王之涣、崔颢、元结等一大批很有成就的诗人。这一大批诗人展现了丰富多彩的诗歌世界。

词句学习角

摧眉折腰：形容恭顺屈从的样子。出自李白《梦游天姥吟留别》："安能摧眉折腰事权贵，使我不得开心颜？"

天生我材必有用：指上天给了我才能就必定会派上用场。出自李白《将进酒》："天生我材必有用，千金散尽还复来。"

杜甫

诗圣写诗史

岱宗夫如何？齐鲁青未了。

造化钟神秀，阴阳割昏晓。

荡胸生曾云，决眦入归鸟。

会当凌绝顶，一览众山小。

——《望岳》

我读小学时，就会背诵这首诗。后来，我在山东大学中文系学古代文学史时，又背诵"三吏""三别"、《自京赴奉先县咏怀五百字》。1978 年我奉调回母校任教，听的第一个学术报告是吾师萧涤非教授的"谈谈李白与杜甫"。我给报纸写的第一个专栏，发在《齐鲁晚报》以杜诗命名的"青未了"版上。2008 年我到成都签售新书，虔诚地拜谒了杜甫草堂。像我这样"专门"研究中国小说史的，也一直离不开杜甫。

诗圣的诗值得中国的读书人认真研读。特别是对中小学生来说，读忧国忧民且博大精深的杜诗，很有必要。

诗是吾家事　七岁咏凤凰

杜甫（712 年—770 年），字子美，出生于河南巩县。他为什么被称为"京兆杜甫"？因为他是晋代名将杜预（222 年—284 年）的十三世孙，杜预是京兆杜陵人。杜甫因为曾居住在长安城南少陵，所以又自称"少陵野老"。他最后的官职是由剑南节度使严武表奏朝廷而获得的检校工部员外郎，故世称"杜工部"。

杜甫虽然颇以远祖杜预自豪，但真正对他的人生产生影响的是祖父杜审言。

杜审言（约 645 年—708 年）是五言律诗的奠定者之一。他的五言律诗格律严谨，如《和晋陵陆丞早春游望》：

独有宦游人，偏惊物候新。

云霞出海曙，梅柳渡江春。

淑气催黄鸟，晴光转绿蘋。

忽闻歌古调，归思欲沾巾。

　　杜审言在初唐诗史中有一定地位。他自视甚高，据《旧唐书·杜审言传》记载："尝谓人曰：'吾之文章，合得屈、宋作衙官；吾之书迹，合得王羲之北面。'"衙官，唐代军府的属官。"衙官屈宋"，就是叫屈原和宋玉来做自己的秘书。杜审言这段话的意思是他写的文章超过屈原、宋玉，他的书法可令王羲之拜师。

　　虽然杜甫出生时祖父就已去世了，但杜甫以祖父自豪，认为写诗是他家的优秀传统。后来儿子过生日，他还告诫儿子"诗是吾家事"。

　　杜甫祖父、父亲做过主簿、县令之类的官，家庭经济情况尚可。杜甫虽幼年丧母，少小多病，但因为有善良的姑母照顾，他的日子比较自在，也越来越健康，还经常上树爬墙，调皮玩耍——"庭前八月梨枣熟，一日上树能千回"（《百忧集行》）。后来他在《壮游》诗中写他自己：

往昔十四五，出游翰墨场。

斯文崔魏徒，以我似班扬。

七龄思即壮，开口咏凤凰。

九龄书大字，有作成一囊。

杜甫聪颖过人，七岁写出咏凤凰的诗，九岁学习虞世南的书法。洛阳名士崔尚、魏启心把他比作著名文人班固、扬雄来恭维他。崔、魏料想不到，杜甫最终在文学史上把扬雄甩出几条街。

朱门酒肉臭，路有冻死骨

　　杜甫没有李白"御手调羹"的幸运。杜甫成年时，开创开元盛世的唐玄宗已雄风不再，在声色犬马中日渐昏聩，先后委政李林甫、杨国忠。这两个宰相都嫉贤妒能，李林甫还"口蜜腹剑"。

　　唐玄宗在747年忽然想办点正事，下诏让有一技之长的文艺人才到长安候选，奸相李林甫却上下其手，使得参加选拔的两位大名鼎鼎的诗人杜甫和元结，跟所有参选者一样落榜！李林甫最怕这帮爱发议论的文人当选，于是略施小技，令应征者没一个被选上。奸诈宰相还给糊涂天子上表，敬贺"野无遗贤"！杜甫本来把这次考试当成出头的机会，没想到大失所望。而且，他父亲早已死于任上，家庭经济每况愈下。天才诗人在《奉赠韦左丞丈二十二韵》长诗中写他过起了这样的生活：

"纨绔不饿死，儒冠多误身。"

——纨绔子弟不会挨饿，但像他这样只会读几卷书的却没生活保障。

"读书破万卷，下笔如有神。……此意竟萧条，行歌非隐沦。"

——读多少书，写多少诗，有什么用？

"骑驴三十载，旅食京华春。"

"青冥却垂翅，蹭蹬无纵鳞。"

——在长安城转悠许多年，越来越找不到出路。

"朝扣富儿门，暮随肥马尘。残杯与冷炙，到处潜悲辛。"

——在乌烟瘴气的长安，再有名的诗人，也活得像乞丐！

杨家因贵妃得宠而鸡犬升天。杨氏姐妹豪华气派地游春，杜甫跟普通百姓一起围观：她们穿着绣金饰银的时装，戴着昂贵的首饰，吃着皇宫送的山珍海味，听着皇家乐队演奏的乐曲。杜甫思考：这些国夫人面前的驼峰素鳞，身上的金银纱罗，都是民脂民膏堆起来的！他写出《丽人行》揭露皇亲国戚的骄奢生活：

> 三月三日天气新，长安水边多丽人。态浓意远淑且真，肌理细腻骨肉匀。绣罗衣裳照暮春，蹙金孔雀银麒麟……就中云幕椒房亲，赐名大国虢与秦。紫驼之峰出翠釜，水精之盘行素鳞。犀箸厌饫久未下，鸾刀缕切空纷纶。黄门飞鞚不动尘，御厨络绎送八珍。箫鼓哀吟感鬼神，宾从杂遝实要津。后来鞍马何逡巡，当轩下马入锦茵。杨花雪落覆白蘋，青鸟飞去衔红巾。炙手可热势绝伦，慎莫近前丞相嗔。

两年后，天宝十四载（755年）十一月，安史之乱迫在眉睫，杜甫由长安去奉先县探亲，途经骊山，唐玄宗与杨贵妃正在骊山宴游。《自京赴奉先县咏怀五百字》对当时的社会现象做了深刻思考，他把杨家比作汉代卫青、霍去病的家族，他们穿着裘皮大衣，吃着山珍海味，看着轻歌曼舞，而当皇帝

与皇亲国戚寻欢作乐时，老百姓冻饿而死。这首诗有两句是千古绝唱："朱门酒肉臭，路有冻死骨。"

在杜甫笔下，诗歌从盛唐气象变成中唐忧患。杜诗之所以被称为"诗史"，是因为杜诗对唐代社会有正史般的价值。盛唐到中唐的重要历史事件，在杜诗中都有生动翔实的描写。

唐军和叛军、回纥军长期对峙，杜甫写下《喜闻官军已临贼境二十韵》《洗兵马》和"三吏""三别"等一系列名作。杜甫的这些诗，不仅有"史"的价值，更是绝好绝美的诗，脍炙人口，朗朗上口：

国破山河在，城春草木深。

感时花溅泪，恨别鸟惊心。

烽火连三月，家书抵万金。

白头搔更短，浑欲不胜簪。

——《春望》

少陵野老吞声哭，春日潜行曲江曲。

江头宫殿锁千门，细柳新蒲为谁绿。

——《哀江头》

　　杜甫多么希望国家能恢复到开元盛世的样子！他的《忆昔》简直是一幅开元盛世的全景图：

　　　　忆昔开元全盛日，小邑犹藏万家室。

　　　　稻米流脂粟米白，公私仓廪俱丰实。

　　　　九州道路无豺虎，远行不劳吉日出。

　　　　齐纨鲁缟车班班，男耕女桑不相失。

　　　　宫中圣人奏云门，天下朋友皆胶漆。

　　　　百余年间未灾变，叔孙礼乐萧何律。

　　　　…………

　　　　　　　　　　　　——《忆昔·其二》

　　文学史家认为，杜诗之所以有"诗史"的价值，是因为杜甫既提供了历史事件，又提供了具体生动的生活画面；既写事件经过，又注意细部描写，并融入了诗人强烈的情感，有时还杂以议论。杜诗记述时事，反映历史，抒发情怀。在中国诗歌史上，杜诗的成就是空前的。

不尽长江滚滚来

杜甫诗歌艺术成就极高,他的诗影响了一代又一代诗人。

读大学时,我特别喜欢背诵杜甫的《闻官军收河南河北》:

剑外忽传收蓟北,初闻涕泪满衣裳。

却看妻子愁何在,漫卷诗书喜欲狂。

白日放歌须纵酒,青春作伴好还乡。

即从巴峡穿巫峡,便下襄阳向洛阳。

这首诗令我印象特别深刻的是:杜甫是多么擅长遣词用字啊。他使用"忽传""初闻""却看""漫卷"几个动词,把骤然听到喜讯时手舞足蹈的心情表现得淋漓尽致。后边用"即从""便下"两个音韵铿锵的词,好像要插翅飞过巴峡、巫峡、襄阳、洛阳，风驰电掣一般回到家乡。我还曾听训诂学① 家殷孟伦先生吟唱过这首诗，韵味很不寻常。

杜甫写七律没有人能超过，在他的七律中，《登高》的地位特别高。杨伦说它是"杜集七言律诗第一"，胡应麟说它"精光万丈"，是古今七律之冠：

> 风急天高猿啸哀，渚清沙白鸟飞回。
>
> 无边落木萧萧下，不尽长江滚滚来。
>
> 万里悲秋常作客，百年多病独登台。
>
> 艰难苦恨繁霜鬓，潦倒新停浊酒杯。

这首诗是杜甫于大历二年（767 年）在夔（kuí）州所写，他通过登高来描写自己长年漂泊、老病孤愁。慷慨悲歌，动人心弦。前四句是千古流传的佳句：萧萧的木叶、滚滚的长江，老诗人漂泊无定的生涯，年老多病却独自登高，羁旅愁和孤独感像落叶落不尽，像江水淌不完。胡应麟在《诗薮》里评论：《登高》这首诗"一篇之中句句皆律，一句之中字字皆律"，

---

① 训诂学：中国传统的研究语义的学科。偏重研究古代的词义，特别是以研究汉魏以前古书中的词义为主，也综合分析古书中的语法、修辞等语文现象。

全诗的写法和用句用字是"皆古今人必不敢道，决不能道者"，所以是"旷代之作"。

乾元三年（760年）春天，穷困潦倒的杜甫求亲告友，在成都西郊的浣花溪边盖起一座茅屋，总算有了定居之处。到了八月，大风大雨，茅屋毁损。杜甫后来写下《茅屋为秋风所破歌》：

八月秋高风怒号，卷我屋上三重茅。茅飞渡江洒江郊，高者挂罥长林梢，下者飘转沉塘坳。

南村群童欺我老无力，忍能对面为盗贼。公然抱茅入竹去，唇焦口燥呼不得，归来倚杖自叹息。

俄顷风定云墨色，秋天漠漠向昏黑。布衾多年冷似铁，娇儿恶卧踏里裂。床头屋漏无干处，雨脚如麻未断绝。自经丧乱少睡眠，长夜沾湿何由彻！

安得广厦千万间，大庇天下寒士俱欢颜！风雨不动安如山。呜呼！何时眼前突兀见此屋，吾庐独破受冻死亦足！

著名古代文学研究者霍松林先生剖析这首诗时说得好：

　　别林斯基曾说："任何一个诗人也不能由于他自己和靠描写他自己而显得伟大，不论是描写他本身的痛苦，或者描写他本身的幸福。任何伟大诗人之所以伟大，是因为他们的痛苦和幸福的根子深深地伸进了社会和历史的土壤里，因为他是社会、时代、人类的器官和代表。"杜甫在这首诗里描写了他本身的痛苦，但当我们读完最后一节的时候，就知道他不是孤立地、单纯地描写他本身的痛苦，而是通过描写他本身的痛苦来表现"天下寒士"的痛苦，来表现社会的苦难、时代的苦难。……杜甫这种炽热的忧国忧民的情感和迫切要求变革黑暗现实的崇高理想，千百年来一直激动读者的心灵，并发生过积极的作用。①

　　杜甫情系国家、关心民众，希望天下寒士尽开颜的思想情操，给他带来"诗圣"的称号。他的诗还是唐诗发展的转

---

① 霍松林先生的评论引自《唐诗鉴赏辞典》。该鉴赏辞典由萧涤非、程千帆、马茂元、周汝昌、周振甫、霍松林等著名学者共同撰写。

折，中唐之后，白居易等人都继承发扬了杜诗"缘事而发"、关注民生疾苦的特点，现实主义的诗篇像不尽长江滚滚而来。

萧涤非老师算当代研究杜甫的第一人，他带领一个团队，用三十年时间完成《杜甫全集校注》。对少年读者来说，有机会一定要读一读萧先生的《杜甫诗选注》。

三吏三别：唐代杜甫所作的一组诗，包括"三吏"——《新安吏》《石壕吏》《潼关吏》和"三别"——《新婚别》《垂老别》《无家别》六篇。诗中表现因安史之乱引起的社会残破景象和人民的痛苦生活，表达出深切的忧时伤乱之情。诗歌形式上采用乐府诗体，通过对话或独白，刻画人物的精神面貌，形象鲜明。

词句学习角

朱门酒肉臭，路有冻死骨：豪富人家的美酒鱼肉，堆积如山，腐烂变臭；穷苦凄寒的黎民百姓，饥饿挨冻，暴死路旁。反映了当时唐朝危机四伏的社会现实，表达了诗人忧国忧民的思想。出自唐杜甫《自京赴奉先县咏怀五百字》。

白居易

诗魔写新乐府

◇◇

大弦嘈嘈如急雨，小弦切切如私语。

嘈嘈切切错杂弹，大珠小珠落玉盘。

——《琵琶行》

古今中外，能用语言把音乐形容得如此准确、如此精彩的，恐怕只有"江州司马"白居易了！这首诗的一些诗句已经成为现代汉语常用句：

千呼万唤始出来，犹抱琵琶半遮面。

…………

同是天涯沦落人，相逢何必曾相识！

白居易（772 年—846 年），字乐天，晚年号香山居士。他出生时王维去世十一年、李白去世十年、杜甫去世两年。

继"诗佛"王维、"诗仙"李白、"诗圣"杜甫之后，少年
成才的"诗魔"白居易掀起"新乐府运动"，把唐诗推向新
境界，延续了唐代文学的辉煌。

长安米贵，居大不易

现在的小学课本上有白居易的《赋得古原草送别》：

离离原上草，一岁一枯荣。

野火烧不尽，春风吹又生。

远芳侵古道，晴翠接荒城。

又送王孙去，萋萋满别情。

这首诗的中心思想是送别朋友，但白居易送的是哪个朋友？在哪儿送的？现代读者们大概不知道，也不感兴趣。尽管"远芳""晴翠""萋萋"用词非常精准，但人们能脱口说出的只是前四句，这是多么有趣的选择性文学欣赏现象啊！

伴随这首诗的，还有著名诗人顾况的"长安米贵，居大不易"的趣闻。

唐代有这样的风气：初出茅庐的文人向著名文人或达官贵人、公主、亲王送作品以求欣赏甚至推荐。第一次送叫"行卷"，再次送叫"温卷"。白居易十六岁进京参加考试时，带着自己的诗拜见朝廷六品官——著作佐郎顾况。顾况接过诗卷，看到作者名字"白居易"，笑着说："长安米贵，居大不易！"意思是长安生活水平很高，想长久居住下来，没点儿本事是不可能的！等到看完《赋得古原草送别》，顾况感叹："有才如此，居亦何难！"能写出这么好的诗，还愁在长安留不下来？

顾况的乐府诗在当时很有名气，世人庆幸杜甫之后有顾况。顾况很欣赏年轻的白居易，于是他四处"游扬"①，白居易才名鹊起。

这件事，《旧唐书》《新唐书》《全唐诗话》《唐才子传》都有记载。如《旧唐书·白居易传》：

　　居易幼聪慧绝人，襟怀宏放。年十五六时，袖文一编，投著作郎吴人顾况。

---

① 游扬：到处宣扬，使美名远播。

《赋得古原草送别》不是白居易最早的作品。白居易《江南送北客因凭寄徐州兄弟书》有小注："时年十五"。白居易《与元九书》自述"及五六岁便学为诗"，后来元稹在《白氏长庆集序》说他："读书勤敏，与他儿异。五六岁识声韵。"懂音律是写诗的必要条件。更神奇的是，白居易两岁就认得祖父和父亲的名字，是当地著名的早慧且酷爱读书的神童。

当顾况把"野火烧不尽"宣传成名句时，白居易的一首写于十七岁的诗不胫而走：

满面胡沙满鬓风，眉销残黛脸销红。

愁苦辛勤憔悴尽，如今却似画图中。

尽管诗歌被传诵，白居易却没有少年登第。他二十八岁考中举人，次年考中进士，仍算年轻有为。他在诗中炫耀："慈恩塔下题名处，十七人中最少年。"

以诗察时政

　　白居易二十九岁中进士，三十七岁担任左拾遗、翰林学士。他以很高的政治热情，屡次给皇帝上书，指陈时政。他不以进谏皇帝为满足，坚持关心民众疾苦，讽喻权贵骄奢，创作了《新乐府》《秦中吟》组诗。他的诗歌居然能令权贵闻之色变，如《轻肥》：

　　　　意气骄满路，鞍马光照尘。

　　　　借问何为者，人称是内臣。

　　　　朱绂皆大夫，紫绶或将军。

　　　　夸赴军中宴，走马去如云。

　　　　樽罍（léi）溢九酝，水陆罗八珍。

　　　　果擘洞庭橘，脍切天池鳞。

　　　　食饱心自若，酒酣气益振。

是岁江南旱，衢州人食人。

《轻肥》诗题，取自《论语·雍也》的"乘肥马，衣轻裘"。全诗写皇帝宠信的宦官的豪奢生活。由宦官统领的"神策军"更是飞扬跋扈，为所欲为。他们山珍海味、脑满肠肥，连他们的马也因为食料精美而皮毛油光、"鞍马光照尘"，而同时，江南发生灾情，出现人吃人的惨象！

《秦中吟》组诗十首，一吟悲一事。《歌舞》写达官贵人"朱门车马客，红烛歌舞楼。欢酣促密坐，醉暖脱重裘"。尾句写监狱"中有冻死囚"。《买花》写一个田舍翁偶然看到买花，感叹"一丛深色花，十户中人赋"。

贵官达宦跟贫苦百姓这两个阶层天壤之别的生活，被白居易描写得惊心动魄，可以和杜甫"朱门酒肉臭，路有冻死骨"媲美，显示出白居易"惟歌生民病，愿得天子知"的良苦用心。

《新乐府》五十首中也有反映民生疾苦的：《卖炭翁》最有名的句子是"可怜身上衣正单，心忧炭贱愿天寒"。老人伐薪烧炭，是维持生存的唯一希望——"卖炭得钱何所营？身上衣裳口中食"。然而他进城卖炭，炭却被强取豪夺的宦官抢走。《上阳白发人》是著名的讽喻诗，这首长诗选择一

个终生被禁锢的宫女作描写对象，"玄宗末岁初选入，入时十六今六十"，形象生动又富有概括力地描写了"后宫佳丽"的凄惨生涯。

白居易和元稹共同提出：诗歌不要无病呻吟，要为时政、为黎民服务。

白居易还提出，诗歌不能写得艰涩难懂，要让不识字的农村老太太也能听懂，并喜闻乐见。他的诗歌注重写实，崇尚通俗，对达官贵人和社会不公进行讽喻。他以"不惧权豪怒，亦任亲朋讥"的勇气，大胆抨击社会丑恶，为民请命，这在唐代诗歌甚至整个中国诗歌史中，都难能可贵。

《琵琶行》久响 《长恨歌》流传

　　随着唐代小说的繁盛，诗坛出现一批带有抒情性的长篇叙事诗，其中，白居易的《琵琶行》《长恨歌》最有影响力。

　　白居易四十四岁时，炙手可热的地方豪强李师道自领多处节度使，割据十二州，派人刺杀宰相武元衡，刺伤裴度。当时担任东宫属吏（太子名下官员）的白居易给皇帝上书，请求急捕李师道。宰相张弘靖以白居易越权，先于谏官言事为名，要求皇帝处罚白居易，早就对白居易怀恨在心的权贵也上书诬陷。白居易被贬官，任江州司马，他在浔阳江头写下《琵琶行》。他从"老大嫁作商人妇"的琵琶女的遭遇中联系到自己正直却被贬的经历，与琵琶女同病相怜。诗句苍凉感人，尤其是诗中对琵琶乐声的描写特别受读者喜爱。白居易用大弦如急雨、小弦如私语、珠落玉盘、花下流莺、冰下流泉、"银瓶乍破水浆迸"、"铁骑突出刀枪鸣"等一系

列精确美妙的比喻，把琵琶声的千变万化和弹奏者的感情起伏，还有听琵琶的诗人的感情都摹写了出来：

> 曲终收拨当心画，四弦一声如裂帛。
>
> 东船西舫悄无言，唯见江心秋月白。
>
> ………
>
> 座中泣下谁最多？江州司马青衫湿。

如此描写音乐和人生，在中外文学中都是罕见的。

此前十年（806年），三十五岁的白居易用《长恨歌》写唐明皇和杨贵妃的爱情传奇，已经产生了广泛影响。《长恨歌》在一定程度上脱离了历史事实，寄托了白居易年轻时跟深爱的女子不能结合的憾恨之情。诗的前半部分写杨贵妃恃宠而骄，唐玄宗好色弛政，导致安史之乱，杨贵妃"宛转蛾眉马前死"。后半部分层层渲染，写唐玄宗逃蜀后的哀伤及两人天上人间的生死恋：

> 归来池苑皆依旧，太液芙蓉未央柳。
>
> 芙蓉如面柳如眉，对此如何不泪垂。

春风桃李花开夜，秋雨梧桐叶落时。

………………

在天愿作比翼鸟，在地愿为连理枝。

天长地久有时尽，此恨绵绵无绝期。

《长恨歌》的艺术魅力巨大，后世出现了很多以它作蓝本的戏剧，如元代白朴的《梧桐雨》、清代洪昇的《长生殿》，后者至今还在舞台上盛演不衰。

白居易在世时《长恨歌》已传进日本。白居易的诗影响了许多日本作家，还成为两代日本天皇酷爱的案头书。有家日本机构在1988年立碑文说，白居易是"日本文化的恩人"。

公元846年，白居易病逝，唐宣宗谥其"文"，赠尚书右仆射①，还写了首《吊白居易》：

缀玉联珠六十年，谁教冥路作诗仙。

浮云不系名居易，造化无为字乐天。

童子解吟长恨曲，胡儿能唱琵琶篇。

---

① 尚书右仆射（yè）：唐代尚书省设左右仆射各一人，主管六部，位同宰相。唐代后期成为虚职。

文章已满行人耳，一度思卿一怆然。

皇帝亲自赋诗文悼念诗人，这在中国古代算特例。这首"御制"诗令我特别惊讶——连皇帝老儿都能写出像著名诗评家的诗，恰如其分地评价白居易的历史贡献。这首诗在当时的影响力，超过了李商隐给白居易写的墓志铭。

文史小知识

新乐府运动：中唐时期白居易、元稹等人力求变革诗风的一次运动。白居易提出"文章合为时而著，歌诗合为事而作"，认为诗歌创作应继承《诗经》及汉魏乐府的传统，要写得质朴易懂、方便传唱，要针砭时弊，有益于社会。白居易写下《新乐府》五十首、《秦中吟》十首；元稹创作《田家词》《织妇词》《和李校书新题乐府十二首》等。元、白二人的诗描写人民疾苦，通俗晓畅，脍炙人口，对诗坛产生了重要影响。

词句学习角

大珠小珠落玉盘：繁弦急奏，犹如大小参差的珍珠泻落在玉盘里，比喻琵琶声之美妙。出自白居易《琵琶行》："大弦嘈嘈如急雨，小弦切切如私语。嘈嘈切切错杂弹，大珠小珠落玉盘。"

野火烧不尽，春风吹又生：古原上的青草一丛接着一丛，一年一度地枯槁和茂盛；无情的野火烧不尽，温暖的春风一来，又唤醒它们的生命。这两句诗本是描写小草坚韧刚强的生命力，现今常用来比喻新生事物的勃勃生机。出自白居易《赋得古原草送别》。

苏轼

《石钟山记》写作课

　　像苏东坡（1037 年—1101 年）这样的文人，几千年才出一个：写的诗能成宋诗巅峰，写词让自己成为豪放派盟主，写散文又使自己厕身"唐宋八大家"之列，就是写点小故事，《东坡志林》也洛阳纸贵。

　　苏轼说过，他的文章像万斛（hú）泉水，不择地而出。苏轼似乎写得随意，写得容易，其实不然。

　　"纸上得来终觉浅，绝知此事要躬行。"陆游这两句诗可以概括苏东坡对待写作的态度。比如，苏东坡的著名游记《石钟山记》就不是靠一次游山玩水轻而易举写出来的。他先产生疑问，再实地考察，经过认真思考才落笔成文。

　　苏东坡带着儿子苏迈考察石钟山，给儿子上了一堂精彩的写作课。

　　尽管当时没法录像，苏东坡却用生花妙笔把这堂极为有趣的写作观摩课记了下来。

石如何能成"钟"？

北宋时，郦道元的《水经注》已是五六个世纪以来公认的经典了。

郦道元（约 470 年—527 年）是北魏时人，被称为"中世纪最伟大的地理学家"。他的《水经注》是中国比较早且写得相当成功的综合地理著作，而且它的文学价值很高，对后世游记散文的发展影响颇大。

《水经注》说，鄱阳湖的湖口有一座石钟山。郦道元认为：石钟山下面靠近深潭，微风振动波浪，水和石头互相拍打，发出的声音好像大钟一般。

早就有人对郦道元石钟山的记载产生怀疑，一直想问个"为什么"。

因为按照常理，如果把钟、磬（qìng）放在水中，即使大风大浪也不能使它发出声响，何况是石头呢？！

钟和磬是中国古代最常用的乐器。钟，指洪钟，声音洪亮，传播辽远；磬，小巧玲珑，声音轻柔优美。但是想让它们发出响声，需要在空旷的地方，让它们暴露在空气中，而不能把它们放到水中。既然钟和磬不能在水中发声，石头又怎么能呢？

唐代李渤访求石钟山的旧址，在深潭边找到两块山石。他敲击它们，聆听它们的声音。南边那座山石的声音重浊而模糊，北边那座山石的声音清脆而响亮，当他停止敲击，声音还在传播，余音慢慢消失。李渤认为他找到了石钟山命名的原因，于是写了《辨石钟山记》。

苏东坡对唐代李渤的说法表示怀疑。敲击后能发出声响的石头，到处都一个样，唯独这座山用"钟"来命名，这是为什么呢？

不入石钟山，怎察石钟声？

北宋元丰二年（1079 年），苏轼被贬黄州。他常带领长子苏迈读书，父子俩谈古论今。

有一天，父子二人谈到了鄱阳湖畔石钟山的来由。

苏轼翻阅了各种古书，不管是郦道元的记载，还是唐代李渤的说法，苏轼都觉得他们对"石钟"这个名字的来由解释得有些牵强，不能令人信服。

为解决父亲的疑惑，苏迈提出："咱们再多找一些书籍查看？"

苏轼不以为然，笑着对儿子说："做学问不能仅靠书本或道听途说下结论，等有机会我们去实地看一看，研究一下石钟山的真正来由。"

苏迈觉得有道理，去一趟石钟山的想法在父子俩心中埋下了种子。

　　五年后，苏迈调任江西德兴县做县尉，苏轼想起了父子俩讨论石钟山的事，恰好苏迈上任途中要经过鄱阳湖。苏轼兴奋地说："我送你上任，顺道去石钟山考察！"

　　苏迈喜出望外——和学富五车的老爹一路同行，既可承欢膝下，又能跟着老爹学不少东西！

　　苏轼和苏迈在白天到了石钟山边。他们看到一个小童拿着斧子左敲敲右敲敲。

　　父子俩笑了：看来这也是个寻找"石钟"来源的人。

　　小童敲击后，石头发出了"硿硿"的声音。

　　苏轼不相信这就是"石钟"之名的来源，决定夜晚亲自进山探一探。

事不目见耳闻，而臆断其有无，可乎?

　　到了深夜，苏轼父子乘着一叶小舟来到绝壁之下。尽管怪石嶙峋，风浪声像野兽咆哮，父子二人还是鼓起勇气把船停到了峭壁之下。他们看到：千尺高的山石倾斜立着，像凶猛的野兽和奇异的鬼怪，阴森森地要攻击人；宿巢的隼听到人声惊飞云霄，发出"磔（zhé）磔"的吓人声响；有像老人咳嗽大笑的声音，据说是鹳鹤的叫声。父子俩有些心惊，刚想回去，忽然巨大的声音从水上发出，声音洪亮，像不断敲钟击鼓的声响。父子俩静下心慢慢观察，发现山下是不知多深的石穴和缝隙，细微的水波涌进里面，激荡发出声音。他们的船回到两山之间，将要进入港口，他们看到有块大石头挡在水中央，石头中空，有许多窟窿，把水波吞进去，吐出来，吞进去，吐出来，窾（kuǎn）坎镗（tāng）鞳（tà），同先前噌（chēng）吰（hóng）之声应和，像音乐演奏。

《石钟山记》这段描写优美至极，脍炙人口：

　　至暮夜月明，独与迈乘小舟，至绝壁下。大石侧立千尺，如猛兽奇鬼，森然欲搏人；而山上栖鹘，闻人声亦惊起，磔磔云霄间；又有若老人咳且笑于山谷中者，或曰此鹳鹤也。余方心动欲还，而大声发于水上，噌吰如钟鼓不绝。舟人大恐。徐而察之，则山下皆石穴罅，不知其浅深，微波入焉，涵澹澎湃而为此也。舟回至两山间，将入港口，有大石当中流，可坐百人，空中而多窍，与风水相吞吐，有窾坎镗鞳之声，与向之噌吰者相应，如乐作焉。

苏轼父子亲临其境，终于发现了石钟山"钟声"的来由！这个发现是之前的记载中都没有提到过的。

伴着风浪冲击石钟山发出的钟鼓声，苏轼笑着对苏迈说："你知道那些典故吗？石钟山噌吰的响声，就是周景王'无射（yì）'钟[1]的声音；石钟山窾坎镗鞳的响声，就是

---

[1] 无射钟：《国语》记载，周景王二十四年（前521年）铸成"无射"钟。

魏庄子的歌钟①的声音。古人把这个山叫石钟山，没有欺骗我们啊！

　　"你明白了吧？任何事情，如果不亲眼所见，只靠道听途说，只凭借书本记载主观臆断，就不可能得出真相。郦道元的见闻，跟我们几乎相同，但他观察得太不仔细，描述得也不详尽。古往今来，之所以没有人能清楚地解释石钟山的名字来源，就是因为士大夫始终不肯在夜晚把船停到悬崖峭壁下考察。渔人和船夫，虽然知道石钟山命名的真相，却不能用文字记载。这就是为什么世上没有流传下来石钟山得名的由来。浅陋的人竟然用斧头敲打石头来寻求石钟山得名的原因，自以为得到了石钟山命名的真相。我要记下我们亲自考察石钟山的经过，叹惜郦道元的简略，嘲笑李渤的浅陋。"

　　石钟山在江西湖口鄱阳湖东岸，有南、北二山，在县城南边的叫上钟山，在县城北边的叫下钟山。明清时有人认为苏轼关于石钟山因何得名的说法也是错误的，正确的说法是："盖全山皆空，如钟覆地，故得钟名。"当代一些地理学家

---

① 魏庄子的歌钟：《左传》记载，鲁襄公十一年（前562年），郑人以歌钟和其他乐器献给晋侯，晋侯分一半赐给晋大夫魏绛。魏庄子，魏绛的谥号是"庄"，故名。歌钟，古乐器。

经过考察，认为它之所以叫"石钟山"，是因为它既具有钟之"声"，又具有钟之"形"。

《石钟山记》记录了苏轼父子同游览湖口石钟山的故事。它既是一篇优美的游记，更是苏轼导引儿子实地考察、认真思考、谨慎下笔的一堂"写作课"。

三苏：指北宋文学家苏洵与他的儿子苏轼、苏辙。其中苏轼的成就最高，在诗、词、文各方面都有重要建树。苏洵、苏辙擅长书策散文，苏辙还擅长诗。三人皆入"唐宋八大家"之列。

《赤壁赋》：赋篇名。北宋苏轼作。有前后两篇。元丰五年（1082年），作者谪居黄州（治今湖北黄冈），于秋冬两次游览黄州赤壁时所作。《前赤壁赋》较有名。两篇《赤壁赋》写凭吊历史古迹，歌颂江山之壮美，借以抒发政治上失意的感慨，并表达出深沉的人生忧思。文字优美流畅，情、景、理融成一体，为宋代文赋的代表作。

雪泥鸿爪：雪泥，融过雪的泥土；鸿爪，鸿雁的印迹。比喻往事留下的痕迹。出自苏轼《和子由渑池怀旧》："人生到处知何似？应似飞鸿踏雪泥，泥上偶然留指爪，鸿飞那复计东西。"

但愿人长久，千里共婵娟：即使相隔千里，我们也能在中秋之夜共同欣赏天上的明月。表达对远方亲人的怀念，也是一种祝福。出自苏轼《水调歌头》："人有悲欢离合，月有阴晴圆缺，此事古难全。但愿人长久，千里共婵娟。"

李清照

红妆少女　婉约盟主

北宋元符二年（1099 年）左右，两首《如梦令》在开封不胫而走：

　　常记溪亭日暮，沉醉不知归路。兴尽晚回舟，误入藕花深处。争渡，争渡，惊起一滩鸥鹭。

　　昨夜雨疏风骤，浓睡不消残酒。试问卷帘人，却道海棠依旧。知否？知否？应是绿肥红瘦。

两首清新婉约的《如梦令》一出现，立即洛阳纸贵。

《如梦令》是齐鲁才女李清照（1084 年—约 1155 年）在大约十六岁时创作的。

虽然当时苏东坡的"天涯何处无芳草"等清词丽句仍然脍炙人口，但白发苍髯的豪放派盟主已如红日西坠，久

病不能冠带。

一个十六岁左右的少女写出了不逊于词坛泰斗水准的词！不可思议。

宋词婉约派盟主以青春靓丽的姿态横空出世，登上文坛。

清泉雨露　苦读诗书

少年李清照能出手不凡，和她的生活环境有关，更和她自幼苦读诗书有极大关系。

李清照幼年生长在山东章丘的百脉泉边，现在那里的一股泉水已经用李清照的词集命名了，曰"漱玉泉"。清泉是李清照的人格象征和终生的精神雨露。

章丘在北宋时属齐州（今山东济南），那里山青水绿，人杰地灵。当地的柳絮泉涓涓不绝，周围环绕着二十里的莲子湖。鸥翻碧空、鱼翔浅底是那里常见的景致。史书记载"湖中多莲花，红绿间明，乍疑濯锦"。

李清照喜欢在柳絮泉边游玩。丝丝缕缕的泉水像万斛珍珠，从地底直上涌出，水花银亮，枕石漱流，丁丁淙淙，令人心旷神怡。

李清照特别喜欢流连于莲子湖，有时直到暮色苍茫时才

163

想起亲人倚闾盼望，于是她拨浪急归。小船偏偏"误入藕花深处"，惊起荷丛深处的鸥鹭。鸥鹭"扑棱棱"地在蓝天碧水间飞翔。

深秋时节，尽管莲子湖上"红稀香少"，"莲子已成荷叶老"，水草多半枯黄，但李清照仍耽于湖光秋色。当夕阳斜照，渔舟唱晚，侍女频催时，她才肯让小舟归家。哪知道，她想回家了，跟她非常熟悉的鸟儿却和她怄气，扭过头去不跟她道别，好像在挽留她：天还早呢，再跟我们玩一会儿吧！

李清照《漱玉词》中有这样两句："水光山色与人亲，说不尽、无穷好。"

从小养成的亲近自然的生活方式伴随李清照一生。描写泉边、湖上的活动，吟诵大自然美丽的花，特别是梅花和菊花，并寄寓自己的人生，是《漱玉词》的重要内容。

李清照幼年时受的教育，决定了她未来辉煌的前景。

李清照的父亲李格非，字文叔，是"苏门后四学士"之一。他以"有竹堂"来命名自己的书斋，他自己也保持着绿竹一样的挺拔人格。李清照生长在不按"女子无才便是德"治家的翰墨之家，自小就在有很高文学修养的父亲的指导下博览群书。

当李格非发现女儿李清照的写作天赋时，喜悦至极——"中郎有女堪传业"！

他不会想到，李家娇女的文学成就将超出蔡中郎之女蔡文姬。

李格非给女儿请了一位写作导师——词坛名家晁补之。

晁补之是"苏门四学士"之一，他跟李格非要好。朱弁（biàn）《风月堂诗话》记载：晁补之曾公开称赞少年李清照杰出的写作才能。在苏门四学士中，黄庭坚和张耒（lěi）的主要成就是诗歌，秦观和晁补之的主要成就是词。晁补之擅长以词写柔情，包括夫妇之情。这种写法后来被李清照发挥到极致，追根溯源，不得不说她在初学写作时就得到高手指点。

李清照后来在她的专著《词论》中提出"词别是一家"，她认为苏轼的词多是不协音律的诗。但她从开始学习写诗词时，就受到苏轼的双重影响：她的父亲是"苏门后四学士"之一，写作导师是"苏门四学士"之一。天才会殊途同归，可能得算特殊的文学渊源吧！

人似黄花瘦

　　李清照的精神世界是特殊而美好的。这个精神世界赋予李清照特殊的创作灵感，她游弋其间，如鱼得水，最终为中国文学版图上增添一个"新省份"：婉约词。

　　她的《点绛唇》是一幅生动精彩的少女行乐图：

　　蹴罢秋千，起来慵整纤纤手。露浓花瘦，薄汗
轻衣透。

　　见客入来，袜刬金钗溜。和羞走。倚门回首，
却把青梅嗅。

　　她的名作《减字木兰花》"画出"新婚夫妇以花传情的闺房图：

卖花担上，买得一枝春欲放。泪染轻匀，犹带彤霞晓露痕。

怕郎猜道，奴面不如花面好，云鬓斜簪，徒要教郎比并看。

因为李清照的父亲李格非在政坛斗争中失利，新婚两年的李清照被夫家送回山东娘家，于是，她一次次地把她的新作寄到丈夫身边。有一次，她给丈夫赵明诚寄去一首《醉花阴》：

薄雾浓云愁永昼，瑞脑销金兽。佳节又重阳，玉枕纱厨，半夜凉初透。

东篱把酒黄昏后，有暗香盈袖。莫道不销魂，帘卷西风，人似黄花瘦。

在这首《醉花阴》的版本中，有不少用的是"人比黄花瘦"，但在《乐府雅词》中，这首词用的是"人似黄花瘦"。从词义上看，"人比黄花瘦"似乎把人的不幸写得很到位，实际上，"人似黄花瘦"是把自己比作在秋风中肃杀的菊花，

更符合李清照以花自比的习惯。

李清照的词句深深震撼着她的丈夫赵明诚。据热衷小道消息的闲书《琅嬛记》记载：赵明诚接到李清照的《醉花阴》后，叹赏再三，明知自己比不上妻子的才气，又好胜心强，想超过妻子，就闭门谢客，三天三夜写出五十首词。他把李清照的这首词混到里边，送给朋友陆德夫看，请他判定赵明诚的"近作"哪首最好？

陆德夫玩赏再三后，叹道："只有三句最好。"

赵明诚迫不及待地问："哪三句？"

陆德夫说："莫道不消魂，帘卷西风，人比黄花瘦。"

这三句恰好出自李清照的《醉花阴》！

说到李清照以灵襟秀气参透离情别愁，令任何写离愁别思的中国古典诗词创作者都休想企及的词作，当数《声声慢》。这首词以前无古人、后无来者的十四个叠字开头，堪称古今中外文学描写女性感受的绝唱：

> 寻寻觅觅，冷冷清清，凄凄惨惨戚戚。乍暖还寒时候，最难将息。三杯两盏淡酒，怎敌他、晚来风急！雁过也，正伤心，却是旧时相识。

满地黄花堆积，憔悴损，如今有谁堪摘？守着窗儿，独自怎生得黑！梧桐更兼细雨，到黄昏、点点滴滴。这次第，怎一个愁字了得！

为谁喝头杯茶？

北宋的政治局势像四月的天气，一会儿阳光灿烂，一会儿乌云遮住一切。赵家在政坛斗争中失利，赵明诚携李清照回到青州，在此隐居十几年。

古九州之一的青州，柳树满城，全城皆绿。云门山、驼山、玲珑山三山联翠，障城如画；南阳河、北阳河穿城而过，绿水泛波。北宋的三位名臣——范仲淹、富弼、欧阳修曾任青州父母官。青州人盖"范公亭"纪念范仲淹，亭后有祭富弼、范仲淹、欧阳修的"三贤祠"。

李清照为青州住处的书房起名"归来堂"，取意于陶渊明的《归去来兮辞》。

李清照在青州自号"易安居士"，表明自己"东篱黄花"式的生活态度。"易安"取自陶渊明《归去来兮辞》中的"审容膝之易安。"

李清照的丈夫赵明诚是位修养很高的金石学家。宋代人将他跟欧阳修并称“欧赵”。宋代有两部杰出的金石学著作：欧阳修的《集古录》和赵明诚的《金石录》。赵明诚去世后，李清照修订了《金石录》。书中对夏、商、周三代及后梁、后唐、后晋、后汉、后周五代的钟、鼎、鬲（lì）、盘、樽等酒、食器铭文，名人墓志碑刻，作了更细致的研究、梳理。

赵明诚和李清照回青州后，继续收集金石古籍珍品。每获得一本新书，两人就仔细分析，书前题签，书后校勘。每得到一幅书画、一座鼎彝，他们就小心翼翼地展放到书桌上，白天整理分析不完，晚上燃烛继续。每当得到稀世极品，二人会激动得整夜不睡。他们建起十几个书库，每个书库都摆着相同规格的大书橱，分门别类存放青铜器、字画、书籍……

在青州隐居的十几年，似乎成了李清照自学“博士课程”的十几年，她不仅跟赵明诚一起研究金石，还阅读了大量古代典籍——诗词文赋、史书杂记……

李清照博闻强记。每次吃过饭坐在归来堂中准备喝茶时，她就指着堆积在书桌上的历史文学书，对赵明诚说某某事记载在某某书第几卷、第几页、第几行。

赵明诚不相信妻子有如此记性，笑道："未必吧？"

李清照说："你不相信？如果我说对了，我喝头杯茶！"

赵明诚应之，于是检点书籍，发现李清照说得丝毫不差！

李清照举起茶杯说："我可真的先喝第一杯茶了！"

她笑得太厉害，杯中的茶都洒到怀里，反而没喝成！

按照青州民俗，喝茶次序极有讲究，第一杯茶给谁是判断一个家庭是否长幼有序的标志之一。有客人在时，第一杯茶要奉于客人；家中人喝茶，第一杯茶必须奉于家中地位最高者。在归来堂中沏茶，当然该一家之主赵明诚喝第一杯。所以李清照虽然打赌胜了，仍不喝头杯茶。

李清照不是"螺蛳壳里做道场"的角色，宋室南渡之后，她始终和国家同命运。绍兴四年（1134 年）岳飞大败金兵收复襄阳六郡。李清照一边整理《金石录》，一边深情地注视着她至爱的家乡、至爱的北国。她在《上枢密韩公诗》里表示，她希望能像将士一样牺牲自己，把一腔热血洒在齐鲁大地上：

欲将血泪寄山河，去洒东山一抔土。

　　李清照的作品现在有英、法、俄、日、罗马尼亚、意大利等外语译本。她的传世词作总共不过五十首，却令她名满天下，与李白、杜甫、苏轼并驾齐驱。中国任何一本古代文学史都要设专章或专节评介她。世界著名的百科全书介绍中国古代文学也必须评介李清照。如英国《不列颠百科全书》说李清照是"一位伟大的女词人，在中国词坛的第一流代表人物中，她应该名列前茅"。

　　二十世纪七十年代末，世界天文界破天荒地以一个中国女性的名字——李清照，命名水星上的一座环形山。

　　一个作家偶尔写出一篇两篇佳作不足为奇，如果在漫长的岁月中，总以杰出的作品称雄文坛，那就不仅要靠天赋，更得靠腹有诗书，靠少年时打下的扎实功底了。李清照在长达近六十年的诗词创作中，总领风气之先，不能不归功于她从少年时代就开始坚守的读书习惯。

文史小知识

易安体：李清照创造的一种用通俗易懂的语言和明白流畅的音律作词的宋词模式。这一作词风格成为从南宋陆游、辛弃疾到清代"诗坛盟主"王士祯等竞相模仿的对象。

婉约派：宋词流派，常与"豪放派"相对。这一流派的词作内容多写离愁别绪、儿女情长，结构深细缜密，音律婉转和谐，语言圆润清丽，风格婉转含蓄。婉约派的代表人物有柳永、张先、晏殊、晏几道、欧阳修、秦观、贺铸、周邦彦、李清照、李煜等。

词句学习角

绿肥红瘦：绿叶繁盛，花朵渐渐枯萎。形容暮春景色。出自李清照《如梦令》："试问卷帘人，却道海棠依旧。知否？知否？应是绿肥红瘦。"

乍暖还寒：形容春秋季节，天气变化无常。出自李清照《声声慢》："乍暖还寒时候，最难将息。"

蒲松龄

苦读起步 创造辉煌

清代小说家蒲松龄（1640 年—1715 年）被称为"世界短篇小说之王"。在中国小说史上，短篇小说的第一个高峰是唐代小说——"唐传奇"，第二个高峰是蒲松龄的《聊斋志异》。世界短篇小说的创作高峰在十九世纪，代表作家有《套中人》的作者俄国的契诃夫、《项链》的作者法国的莫泊桑、《麦琪的礼物》的作者美国的欧·亨利。不论是思想内容，还是写小说的艺术手法，三位欧美大师都没能超越比他们早两个世纪的中国作家蒲松龄。

在我研究蒲松龄的四十年间，写过他四本传记和十几本研究《聊斋志异》的书。我发现，蒲松龄之所以能取得这样高的成就，很重要的原因是他从小就苦读诗书且善于独立思考。

聊斋手稿

2007 年，我终于在辽宁省图书馆严密保护的地下书库看到了《聊斋志异》的半部手稿。

翻开泛黄的《聊斋自志》，首先看到这样几句话：

披萝带荔，三闾氏感而为骚；

牛鬼蛇神，长爪郎吟而成癖。

…………

才非干宝，雅爱搜神；

情类黄州，喜人谈鬼。

这段话点出了古代几位特别受蒲松龄敬重的作家：屈原（三闾氏）、李贺（长爪郎）、干宝、苏轼（"黄州"代指）。

屈原的精神，李贺、干宝、苏轼谈鬼说狐的爱好，都深刻影响了蒲松龄。

其实，对蒲松龄有影响的，不仅仅是这几位作家。我在校注《聊斋志异》全书时发现：蒲松龄引用的典故来自各种经书、正史、野史、笔记、诗词、戏剧……对前辈写过的内容，蒲松龄不仅能够"为我所用"，而且会化腐朽为神奇，开辟出全新的、更高的艺术境界。

1978 年，我为了写蒲松龄的传记到蒲松龄故居查资料，蒲松龄纪念馆的鲁童馆长从保险箱里拿出蒲松龄的几种手稿给我看。我看到蒲松龄抄写六朝人的诗，他按照诗的内容把诗分类，抄录得很工整，好像借抄写前人诗句练习书法似的。

跟我同行的著名训诂学家殷孟伦先生问我："你看到这些手稿有什么感受？"

当时我还年轻，没有深入思考，信口回答："蒲松龄很勤奋。"

殷孟伦先生笑道："这是蒲松龄的学习方法。熟读唐诗三百首，不会写诗也会吟。蒲松龄把六朝诗人写月亮、写月色、写田野、写山水的诗歌，一首一首地抄下来对比学习，他就能悟出写诗的方法了。"

原来如此！

　　蒲松龄少年时代最乐意读的是《史记·游侠列传》之类的书，童年时的这个爱好，影响了他一辈子。

"粉丝"的超越

《聊斋志异·种梨》是较早传入西方的聊斋故事，写得十分有趣：

有个乡下人在集市上卖梨，他的梨很甜很香，卖得特别贵。有个道士求乞，围观者劝乡下人拣个次等梨给道士，乡下人不肯。路边商店的伙计掏钱买了个梨送给道士。道士拜谢后说："出家人不懂吝惜，我有很好的梨，取出来请大家尝。"道士吃完梨，解下挂在肩上的铁铲，在地上挖出几寸深的坑，把梨核儿放进去，盖上土，要来滚开的水浇灌。满街的人都盯着看，只见一个嫩芽儿破土而出，一会儿工夫，嫩芽儿长成枝繁叶茂的大树，瞬息间大树开花结果，清香四溢，果实累累，把枝条儿都压弯了。道士从树上摘下梨分送给围观者，把梨分光后，道士举起铁铲砍断树，将带着树叶的树扛在肩头，迈着四方步走了。

　　道士开始做法时，卖梨的乡下人也挤到人群中看热闹，忘记了做生意。道士走后，乡下人回头看自己的车，梨子全部不翼而飞！他如梦初醒：原来道士送给大家的梨都是我车上的。再看车子，车把被截去一根，还留着刚被砍过的断茬，原来，这就是梨树的树干！

　　蒲松龄是借《种梨》这个神奇的故事劝诫世人：不管多有钱有地位的人，只要心存吝啬之念，就会像"乡人"一样，难免家财散尽，竹篮打水一场空。

　　《种梨》来自干宝《搜神记·徐光种瓜》：

　　　　吴时有徐光者，尝行术于市里。从人乞瓜，其主勿与，便从索瓣，杖地种之。俄而瓜生蔓延，生花成实。乃取食之，因赐观者。鬻（yù）者反视所出卖，皆亡耗矣。

　　蒲松龄《聊斋自志》说"才非干宝，雅爱搜神"。他是六朝志怪小说家干宝的铁杆粉丝，最后却超越了自己的偶像。现在《种梨》为中外读者喜闻乐见，有多少人知道《徐光种瓜》呢？

点铁成金

　　蒲松龄少年时代博览群书，正是靠着这样的"童子功"，当他撰写《聊斋志异》时，不管是六朝小说还是唐传奇里的简短描述，往往被他点铁成金，写成脍炙人口的名篇。

　　《劳山[①]道士》是比《种梨》更有代表性的聊斋名篇，它写了这样的故事：

　　淄川王生爱慕道术，听说劳山有很多仙人，就背了书箱前去游访。

　　有座道观非常幽静。老道士满头银发，神采奕奕，超凡脱俗。王生请求拜道士为师。

　　道士说："恐怕你又娇气又懒惰，不能吃苦。"

　　王生回答："弟子能吃苦。"

---

① 劳山：即崂山，在今山东省青岛市东部。

道士叫王生随众人砍柴。

过了一个多月，王生手脚磨起厚厚的茧。他吃不了苦，想回家。

一天晚上，王生看到两个客人在跟师父喝酒。

师父拿张纸，剪得圆圆的像个镜子，贴在墙上。

一会儿，月光照亮了整个房间。

一位客人说："美好的夜晚，不可不让大家共享。"

他从案上取了壶酒，赏给道徒："大家都要一醉方休！"

王生想：七八个徒弟，一小壶酒，怎么可能分得过来？

然而众人斟了一遍又一遍，酒壶里的酒总是满满的。

另一位客人拿根筷子掷向月亮，只见有个美人从月亮中姗姗而下，跳起《霓裳羽衣舞》，唱道：

跳起来呀，

舞起来呀，

跳着舞着回家乡去呀，

怎么把我幽禁在冷冷清清的广寒宫啊！

美人唱完了转着圈儿轻轻一跳，跃登桌上，变成一根筷子！师父和客人大笑。

接着道士和两位客人移动席位，进入月亮中饮酒。又过一会儿，月色渐暗，有个道徒点了蜡烛，只见道士一个人坐在房里，客人不知去向。墙上的月亮，只不过是张纸片。

太神奇了！师傅有这样的本领，太值得好好跟他学道了！

王生对道士的法术暗自喜爱、羡慕，回家的念头暂时打消了。

又过一个月，王生实在没法忍受每日砍柴的辛苦，向道士告辞，说："弟子跋涉几百里，来向仙师学道。哪怕仙师教我一点儿小法术，也能安慰我求师问道的诚心。"

道士笑了，说："我本来就说你下不了苦功夫，果然不差。你想学什么法术？"

王生说："我看到仙师行走，墙壁也不能阻挡。学会这一招，弟子就心满意足了。"

道士笑着答应了，把口诀告诉了王生，让王生面对墙壁，默默念诵，等王生念完，道士说："进去！"

王生学会了穿墙，道士给他路费，让他回家了。

王生回到家，吹嘘遇到了仙人，坚硬的墙壁也挡不住自己。他的妻子不相信。王生就仿效劳山道士的方法，先离开墙壁

几尺远，再念动口诀猛然向墙壁直冲过去，不料"砰"的一声，脑袋撞到墙壁上，他栽倒在地，额头上碰起一个鸡蛋大小的包。王生又惭愧又气愤，可也没有别的办法，只好骂老道士恶作剧捉弄自己。

《劳山道士》的故事不仅在中国家喻户晓，还早就传到了西方。这则故事是仙人惩戒凡间懒惰而想取巧者的轻喜剧。

《劳山道士》的故事至今也很有启发意义：王生那样"娇惰不能作苦"的习惯，是众多徒有雄心却不能实现人生价值者的症结。如果想取得成就，必须付出艰苦劳动。就像故事中写的，想有所成就，要从最基础的工作做起，老老实实砍柴，若想取巧走捷径，没有不碰壁的。

这么著名的聊斋故事，完全是蒲松龄自己构思的吗？不是，是蒲松龄把唐传奇只言片语的记载点石成金而来的。唐传奇有三个写月亮的小片段——《纸月》《取月》《留月》，都百余字左右。比如《宣室志》里的"纸月"故事："杨晦八月二十夜谒王先生，先生刻纸如月，施垣上，洞照一室。"这些只言片语的异事被蒲松龄衍化成妙趣横生、洞察人生的小说名篇。

王生开头还对学道心存幻想，砍柴虽苦，姑妄砍之。砍了一个月，就受不了，见困难就缩头，暗生归念。待他看到师傅和客人剪纸为月，唤来嫦娥舞蹈，还能在月宫饮酒时，又对仙境产生向往。然而他却不知道仙境固然美，仙游固然好，但须以勤劳致之。不想吃苦、不知道"梅花香自苦寒来"的道理，是所有空怀壮志、终一事无成者的问题所在。道士让王生继续砍柴，是想磨炼他后再教给他道术。王生却一心想走捷径速成。学道是为了提高修养，王生偏偏学穿墙。王生为什么不想学诸多救人济世的妙法，而就想学穿墙呢？显然动机不纯，道士惩戒了他。对"碰壁"的描绘，既有趣，又意味深长。一切取巧者观之，当思之、戒之。

根据我的考察，蒲松龄把前人作品当作"底本"，重新构思完成的小说有数十篇，多数还成了聊斋的名篇，比如《画壁》《画皮》《香玉》《侠女》《向杲（gǎo）》《续黄粱》《促织》等。蒲松龄博览群书后再改写，仅仅是为了体现自己的写作才能吗？不是，蒲松龄是为了让传统题材绽放出"刺贪刺虐"思想的芬芳。我们先来看一下吕毖（bì）的《明朝小史》是怎样写"促织"的故事的：

　　帝酷好促织之戏，遣取之江南，其价腾贵至十数全。时枫桥一粮长，以郡督遣，觅得其最良者，用所乘骏马易之。妻妾以为骏马易虫，必异，窃视之，乃跃去，妾惧，自经死。夫归，伤其妻，且畏法，亦经焉。

蒲松龄对上面的故事做了脱胎换骨的再创造。《聊斋志异》里的《促织》写皇帝让不产促织的华阴县供促织——不是偶尔供一次，是要常供。官吏借此搜刮，百姓倾家荡产。在《明朝小史》中，最好的促织要靠骏马换取——虽然促织金贵，毕竟有骏马可以换，而蒲松龄则让读书人成名像儿童一样捉促织。他写促织死是因为主人公成名的孩子揭盆观看，这比《明朝小史》中的妻妾观看更可信。因为好奇是儿童的天性，小孩儿玩促织，是天性使然。《聊斋志异》中促织能斗败大公鸡，还能伴随音乐跳舞。皇帝一高兴，令一人得志，鸡犬升天。抚臣得到皇帝奖励，让县宰录取成名做秀才，成名一出门，"裘马过世家"①。蒲松龄这样改写，是为了说明：天子偶用一物，能造成百姓卖妇贴儿的惨剧。百姓性命不如小虫，蒲松龄把

① 身穿轻裘，骑上高头骏马，比官宦人家还阔气。

批判的矛头指向只知享乐而不顾百姓死活的皇帝和媚上邀宠、残民以逞的官吏。

罗刹海市

蒲松龄活了七十五岁，尽管他很有学问，但直到七十岁，他仍然只是秀才。他五十年如一日寄人篱下，做收入极其微薄的"家庭教师"。正因为他生活在社会底层，所以他能亲自体味到民众的苦难、观察到官场的腐朽。他采用幻想的形式，将这些观察写到小说里。比如：

《梦狼》用象征的笔法写贪官污吏盘剥老百姓，"官虎而吏狼者，比比也"——县衙里站着趴着的都是狼，吃人吃得白骨如山。县令要吃饭时，有头巨狼叼进个活人来！这样的贪官偏偏能升官。后来他被乱民砍下头，神灵故意给安反，让他"自顾其背"。

《续黄粱》写一个书生做梦中了宰相，然而他贪赃枉法，最后在"地狱"遭到清算。他被判喝下用贪污的金银化成的汁，他贪污多少，就喝多少！

《罗刹海市》更是巧妙地描写了清代黑白颠倒的社会。

"罗刹"本是佛教对恶鬼的通称，用"罗刹"做国名，可见这个国家的风气是什么样子。

中华读书人马骥不仅长相俊秀且满腹经纶，但他进入"以黑石为墙，色如墨"的大罗刹国后，却被当作妖怪。罗刹国不重文章，而是以貌取人且以丑为美。狰狞怪异者可以任高官，官位最高的宰相模样丑到登峰造极："双耳皆背生，鼻三孔，睫毛覆目如帘。"形貌多少像人的，则衣衫褴褛如乞丐。美男子马骥被罗刹国的人认为奇丑无比。当马骥以煤涂面扮成张飞时，人们惊讶地说："何前媸（丑）而今妍（美）也！"然后争相向大罗刹国王推荐他，马骥"易面目图荣显"得以做官。

蒲松龄以寓言化的笔墨，以平静、冷静甚至冷峻的口吻，对人人装假面骗人的清代现实做了皮里阳秋、富于谐趣的描写。文中没有一句是直接写现实，又没有一句不跟现实生活相通，实际上是蒲松龄将深邃的哲理隐化在类似恶作剧的描写中。在"恶鬼"当道的社会，有才学的人须由目不识丁者擢拔，品格高尚者永远被蝇营狗苟者左右！马骥不乐意以假面媚俗邀宠，便辞官归山村，来到海市。他遇到东洋三世子，

随他进入龙宫。马骥的志向和才能有了充分的施展机会。

《罗刹海市》创造了大罗刹国和海市龙宫，通过男主角马骥的奇遇将它们相得益彰地连缀起来。通过描写同一人物在不同国度天差地别的遭遇，蒲松龄向黑白颠倒的清代社会射出锋利的檄文。

三十多年前，中国工程院院士张锦秋给蒲家庄设计了一座"聊斋宫"，我担任文学顾问。《罗刹海市》是聊斋宫的主景。

《聊斋志异》：文言短篇小说集，作者是清代作家蒲松龄。全书总共近五百篇，有简约记叙奇闻异事的篇章，也有故事曲折的短篇小说，人物生动，语言优美。全书多是神鬼狐妖故事，却深刻反映了封建社会的历史事实。郭沫若给蒲松龄故居的题词说明了《聊斋志异》的特点：写鬼写妖高人一等，刺贪刺虐入骨三分。

一人得道，鸡犬升天：比喻一人做官得势，和他有关系的人跟着沾光。蒲松龄《聊斋志异·促织》说："闻之：一人飞升，仙及鸡犬。信夫！"

皮里阳秋：皮里，指内心；阳秋，指《春秋》，是春秋时鲁国史书，相传经孔子修订，对历史人物和事件隐含褒贬而不直言。指藏在内心而不直说的对人对事的褒贬评论。

曹雪芹

少年岁月　红楼之源

哪部小说体现了中国古代小说的最高成就？《红楼梦》。

《红楼梦》作者曹雪芹（约 1715 年或 1721 年—约 1764 年）的人生跌宕起伏。

康熙皇帝南巡时，五次下榻江宁织造曹府，雍正皇帝却抄了曹家。

钟鸣鼎食、养尊处优的曹雪芹，最后"卖画前来付酒家"。

然而，祸兮福之所倚，福兮祸之所伏。

倘若没有少年时代的江宁岁月，就不会有盖世奇作《红楼梦》。少年时的曹雪芹不仅经历了豪门的富足生活，更享足了文化盛宴。

曹府从金堂玉马到绳床瓦灶的变迁，是《红楼梦》中贾府兴衰的素材。

《红楼梦》博大深邃的文化内涵与曹雪芹少年时的文化生活息息相关。

艺文巨擘曹寅

曹雪芹没见过祖父曹寅。

但是如果没有曹寅，肯定不会有《红楼梦》。

曹寅（1658年—1712年），字子清，号荔轩，又号楝（liàn）亭，幼时得名士周亮工教诲，七岁能辨四声，先为玄烨（康熙皇帝）伴读，后充侍卫。康熙二十九年（1690年）后，任苏州织造、江宁织造，兼巡视两淮盐漕监察御史，官至通政使。曹寅病重，康熙曾派人快马给他送药。康熙五十一年（1712年）七月曹寅病逝，康熙又把江宁织造的美差交给他的两个儿子：曹雪芹的伯父曹颙（yóng）、父亲曹頫（fǔ）①。

曹寅不仅是康熙皇帝的发小、宠臣，还是众望所归的艺文名家，他有丰富的藏书，曾奉旨主持刊刻《全唐诗》《佩

---

① 曹雪芹的生卒年月，以及他是曹颙还是曹頫的儿子，红学界长期争论。我考证他生于康熙五十四年，是曹頫之子。

文韵府》。

《全唐诗》不必说了，是唐代诗歌集大成之作。《佩文韵府》是什么书？是类书，是大型辞藻典故辞典，供读书人作诗时选取辞藻、寻找典故。"佩文"是康熙的书斋名，《佩文韵府》正集四百四十四卷，引录诗文、辞藻、典故约一百四十万条。这套书由康熙重臣张玉书、陈廷敬、李光地等七十六人奉敕编撰，曹寅奉旨在扬州监督印刷。

到现在为止，《全唐诗》和《佩文韵府》仍然是学术界的重要参考书。

曹雪芹"近水楼台先得月"，从小就沉浸在祖父主持印刷的两套大型图书中。

他不仅沉浸在这两套书中，也不仅沉浸在曹府汗牛充栋的藏书中，还沉浸在祖父传承下来的各种文化活动中，比如诗词创作、戏剧演出、建筑、美食……

簪菊·鹤影·牡丹花

我们来看看曹雪芹幼年读的《全唐诗》，后来是怎么像涓涓细流进入小说《红楼梦》的吧。

刘姥姥二进大观园次日，贾母清晨进园，李纨奉上满盘菊花，贾母拣了朵大红的簪在鬓上，回头看到刘姥姥，忙笑道："过来戴花儿。"

王熙凤拉过刘姥姥笑道："让我打扮你！"说着把一盘子花横三竖四地插了一头。

刘姥姥识趣地说："我这头也不知修了什么福，今儿这样体面起来。"

众人说："你还不拔下来摔到她脸上呢，把你打扮的成了老妖精了。"

刘姥姥笑道："我虽老了，年轻时也风流，爱个花儿粉儿的，今儿老风流才好。"

贾母和众人笑个不住，大观园成为欢乐的海洋。

刘姥姥戴花，先逗乐贾府众人，后又照到怡红院的镜子里，都是神来之笔！

那么，簪菊细节哪儿来的？从唐诗意境化出的：

尘世难逢开口笑，菊花须插满头归。

——杜牧《九日齐山登高》

唐诗意境化成《红楼梦》中寻常的琐事、好玩儿的场面。贫苦老妪进大观园，簪菊带来欢声笑语，跟元妃省亲进园时的悲惨凄切形成鲜明的对比。

中秋节林黛玉、史湘云凹晶馆联诗，史湘云说出她的最后一句诗："寒塘渡鹤影。"

这句诗哪儿来的？化用的杜甫《和裴迪登新津寺寄王侍郎》里的诗句："鸟影度寒塘"。

杜诗很有韵味，曹雪芹"顺手牵羊"，天才地以"鹤"易"鸟"。诗句很美，却暗喻史湘云未来的命运：就像高洁的仙鹤独自飞翔在寒冷的池塘——史湘云将来会跟丈夫分离，孤零零独居。曹雪芹多次把"鹤"跟史湘云联系，心胸

宽阔的史湘云在大观园裙钗中最具健康美。曹雪芹写雪景联诗时描绘史湘云的形象是"鹤势螂形"——腰细腿长胸部丰满，在大观园众位文弱裙钗中鹤立鸡群。

贾宝玉过生日，怡红开夜宴，众人掣（chè）花签，薛宝钗掣的花签上画着一支牡丹，题着"艳冠群芳"四个字，下面刻着一句唐诗"任是无情也动人"。

大家说，你原来就配牡丹花。宝钗欣然接受大家祝贺。

如果博学多才的宝钗当时能想起那首全诗，肯定高兴不起来。

"任是无情也动人"出自唐代诗人罗隐的《牡丹花》，全诗是：

似共东风别有因，绛罗高卷不胜春。
若教解语应倾国，任是无情亦动人。
芍药与君为近侍，芙蓉何处避芳尘。
可怜韩令功成后，辜负秾华过此身。

前面六句写牡丹的美丽高贵，用了李白"名花倾国两相欢"的典故，把牡丹花和倾国倾城的美人相比。任是无情也动人，放到薛宝钗身上很合适。因为薛宝钗是冷美人，博学、聪明、善解人意。但曹雪芹给薛宝钗命名"牡丹"的玄机，却在这首诗后边的"韩令砍牡丹"的故事中。《唐国史补》记载，因为京城人玩赏牡丹过头，每到春天，车马若狂，他们不以耽玩为耻。元和末年，韩弘任京城令尹，看到社会上人们玩牡丹玩得耽误正事，见自己居地也有牡丹，就命人砍了。"任是无情也动人"虽然符合薛宝钗的美丽、富贵、艳冠群芳，但暗藏被"砍杀"的命运——大家闺秀的郎君出家当和尚，和牡丹花被砍有什么不一样？

如果不能对《全唐诗》来番创造性使用，曹雪芹不过是寻章作对的"书虫子"。但是曹雪芹这样"使用"唐诗，把唐人的只言片语，或变成《红楼梦》的精彩场景，或写成对人物的命运暗示。如果那些唐诗作者有灵，大概也得叹为观止。

侍儿名录

　　《红楼梦》前八十回写了多少人物？红学家有争论，能给读者留下比较深刻印象的有四百多位，不亚于莎士比亚戏剧的人物数量。莎士比亚戏剧被看成是西方文学的巅峰，《红楼梦》被看成是"长篇小说里的'莎士比亚'"。

　　红学家研究红楼人物命名的文章，不知道有多少篇，不知道挖掘出多少微言大义。

　　我们来简单看看贾府丫鬟的命名有多精彩，在名字上做文章有多有趣：

　　贾宝玉是贾府的"凤凰"，他有十六个丫鬟。

　　大丫鬟：袭人、麝月、晴雯、绮霰、茜雪、秋纹、碧痕、檀云。人物命名都两两相对，带着富贵气。贾宝玉梦游太虚境，晴雯和袭人的名字，延展成人物的命运判词。袭人是贾母派来照顾宝玉的，宝玉把她的名字从"珍珠"改为"袭人"，被贾政好一顿教训。

小丫鬟：小红、佳蕙、坠儿、良儿、篆儿、春燕、蕙香和第二十六回给小红送花样子的小丫头。小红原来叫"红玉"，因重了宝玉、黛玉，于是改名小红，后来成为王熙凤的丫鬟。春燕也叫"小燕"。蕙香原叫"芸香"，由袭人改为"蕙香"，后来贾宝玉跟袭人怄气，又把"蕙香"改为"四儿"。

林黛玉的丫鬟：雪雁、紫鹃、春纤。紫鹃原名"鹦哥"，是贾母派来照顾黛玉的。林黛玉三个丫鬟的名字都带有悲剧色彩。大雁冬天南飞，留在雪地还能活？"杜鹃啼血"是常用典故，其寓意悲切。春天本是万物旺盛的季节，偏偏纤弱，意味着黛玉命不长。

薛宝钗的丫鬟：莺儿、文杏、喜儿。莺儿善言，是宝钗个性的补充；文杏谐音"文幸"，与宝钗大观园才女的身份吻合。薛宝钗母亲薛姨妈的丫鬟叫同喜、同贵，和宝钗那个不常出面的丫鬟喜儿，命名都很俗，符合皇商特点。

贾母和王夫人丫鬟的命名显示出国公府气派。贾母的丫鬟：鸳鸯、鹦鹉、琥珀、珍珠。贾母有八个丫鬟，名字没写全。王夫人的丫鬟：金钏、玉钏、彩云、彩霞、绣鸾、绣凤。彩云和彩霞到底是一个人还是两个人，红学界一直在争论。

　　李纨是"形如槁木，心如死灰"的寡妇，她的丫鬟只能叫素云、碧月；王熙凤是管家大奶奶，她得力的丫鬟得叫平儿、丰儿，派去虐待尤二姐"来者不善"的丫鬟叫"善姐"。

　　贾府四千金的丫鬟：

　　元春的丫鬟抱琴；

　　迎春的丫鬟司棋、绣橘；

　　探春的丫鬟待书（也作"侍书"）、翠墨；

　　惜春的丫鬟入画、彩屏。

　　四位大丫鬟的名字联起来是"琴棋书画"——国公府小姐的必备修养。她们分别服侍的四位小姐是"元迎探惜"，谐音暗示她们的命运：原应叹息。

　　曹家被雍正皇帝抄家时，家里的丫鬟不到百人，曹雪芹写《红楼梦》时从哪儿琢磨出如此有趣，如此跟人物命运息息相关的丫鬟命名的呢？

　　他参考了祖父的藏书《侍儿名录》。

　　曹寅的藏书在抄家时并没有被抄走，曹家人把书带到了北京。这些藏书，不仅包括经史子集、诗词杂记，还有建筑、美食方面的，这都成了曹雪芹写《红楼梦》时的资料库。

　　1981 年我到南京参加全国红学会，周汝昌先生在会上振振有词："曹寅当年接待过外国人，他的藏书有外文书。"当时引起笑声一片。但《红楼梦》中薛宝琴的出现，以及这位"外国美人"写诗的情节，与此有没有关系呢？

织造府昆曲

话说《红楼梦》第五十四回"史太君破陈腐旧套　王熙凤效戏彩斑衣",贾母让贾府戏班仅用箫管伴奏唱昆曲,薛姨妈凑趣说看过几百班,没见过只用箫管伴奏的,贾母指着湘云说:

"我像他这么大的时节,他爷爷有一班小戏,偏有一个弹琴的凑了来,即如《西厢记》的《听琴》,《玉簪记》的《琴挑》,《续琵琶》的《胡笳十八拍》,竟成了真的了,比这个更如何?"

《西厢记》《玉簪记》是著名剧本,贾母把《续琵琶》跟它们相提并论,太有意思了。《续琵琶》又称《后琵琶》,是曹雪芹的祖父曹寅创作的剧本,写的是蔡文姬被南匈奴掠走，曹操把她赎回的故事。因为元代高明的《琵琶记》南戏，写的是蔡文姬父亲蔡邕与赵五娘的故事，所以曹寅把自己的剧本叫《续琵琶》。曹雪芹借写小说，把祖父的作品跟《西厢记》《玉簪记》两个著名剧目相提并论。他对祖父的崇敬之情跃然纸上。

曹寅还创作过传奇《表忠记》、杂剧《北红拂记》《太平乐事》等。

曹寅的戏剧爱好使得江宁织造府成为昆曲演出的重镇。康熙四十三年（1704 年）曹寅迎洪昇到南京，集南北名士高会，连演三天《长生殿》，成为一时美谈。曹寅嗜好昆曲，江宁织造府演昆曲的传统传承到曹雪芹父亲曹頫做江宁织造时。江宁织造府演出的剧目，连同曹寅收藏的杂剧、南戏、传奇（昆曲）剧本，后来大都体现在《红楼梦》的情节中。

《红楼梦》里元妃归省点戏：

第一出，《豪宴》，《一捧雪》折子戏，伏贾家之败；

第二出，《乞巧》，《长生殿》折子戏，伏元妃之死；

第三出，《仙缘》，《邯郸梦》折子戏，伏宝玉出家；

第四出，《离魂》，《牡丹亭》折子戏，伏黛玉之死。

贾母清虚观打醮佛前点戏：

第一出，《白蛇记》，汉高祖斩蛇起义，寓贾府因军功起家；

第二出，《满床笏》，郭子仪七子八婿富贵寿考，寓贾府极盛；

第三出，《南柯梦》，梦中富贵最终幻灭，寓贾府结局。

宝钗过生日给贾宝玉讲了段鲁智深的唱词，也寓意她将来的丈夫要出家……

《红楼梦》是小说，但戏剧在小说布局中的作用举足轻重，这和曹雪芹祖父的爱好，和织造府的昆曲演出有很大关系。

曹雪芹十三岁时，曹家被抄，此前他已经把这些戏剧都记到脑中了。

2010年新版《红楼梦》电视剧首映，李少红导演对我说，他们把曹雪芹提到的剧目全部复排而且尽可能插到电视里了。北京电视台邀请我和冯其庸、李希凡、张庆善共同做新版《红楼梦》节目时，我肯定了新版《红楼梦》在运用昆曲上的做法。

康熙南巡和曹家被抄

　　曹寅的文学事业和藏书对少年曹雪芹有很重要的影响，曹雪芹少年时的家庭巨变更是对写《红楼梦》有不可估量的影响。

　　曹寅是康熙皇帝的宠臣，康熙皇帝一生六次南巡，五次以江宁织造府为行宫。曹寅办四次接驾大典，花钱如流水。他曾经在扬州给康熙皇帝盖行宫，当时有《竹枝词》这样唱："三叉河干筑帝家，金钱滥用比泥沙。"曹寅接待康熙造成了大量亏空。

　　康熙去世，雍正上台。雍正对康熙的宠臣采取高压政策，处死的处死，流放的流放。雍正皇帝怀疑曹家把钱都弄回自己家，找理由（江宁织造曹頫骚扰驿站）把曹家抄了家。曹雪芹全家回到北京，住在蒜市口留给他们的十七间半房子里。曹家不仅没有了任何生活来源，曹頫还被枷号在吏部门前追

讨欠银。曹雪芹是犯官之子，不能参加科举考试。后来曹家"举家食粥酒常赊"，连温饱都不能保证。

康熙南巡，曹寅接驾，曹家昔日的辉煌故事，通过长辈的讲述一次一次传到曹雪芹的耳朵里。康熙南巡的影子，特别能从元妃归省中找到。

曹雪芹到北京后，仍然能接近皇亲贵胄。这些贵族的生活跟曹雪芹在江宁织造府的生活，共同构成了《红楼梦》的素材。

《红楼梦》是虚构的作品，不是曹家的历史。但曹雪芹在江宁织造府的少年岁月，是重要的"红楼"之源。

江宁织造：清代，在江宁（今南京）设置的织造署。除公开给皇帝督造衣料、帷帐、旗帜等丝织品外，同时担任皇帝的耳目，查访地方吏治民情，向皇帝报告。康熙、雍正年间，曹家三代四人担任过江宁织造，长达六十余年，直至雍正五年（1727年）年底被撤职抄家。担任过江宁织造的曹家人有：曹玺（曹雪芹曾祖）、曹寅（曹雪芹祖父）、曹颙（曹雪芹伯父）、曹𫗧（曹雪芹父亲）。

金玉良缘：带金配玉的好姻缘，指符合封建秩序的姻缘。后也泛指美好的姻缘。出自曹雪芹《红楼梦》第五回："都道是金玉良缘，俺只念木石前盟。"

假作真时真亦假，无为有处有还无：世界上的事情如果把假的当作真的，真的也就是假的；如果把无当作有，那么有还是无。告诉人们要辨清什么是真的、有的，什么是假的、无的，才不至于因为假象而迷失真意，迷失自己。曹雪芹在《红楼梦》写贾宝玉神游太虚幻境时看到一副对联，上面写的是："假作真时真亦假，无为有处有还无。"

后记

五年前我就跟刘蕾约定，给晓童书写套《自古英雄出少年》。

　　这套书终于在 2023 年酷暑中完成。

　　与其说是写童书，不如说是写童年读书经历和老年读书笔记。

　　我本来以为写起来很容易，没想到特别难。比解读《红楼梦》《聊斋志异》难，比写《煎饼花》《豆棚瓜架婆婆妈》也难。那些"资料"都装在我的脑壳里，顺着敲电脑的手流到纸上就完成了。

　　《自古英雄出少年》却是另起炉灶，八十岁的我闯陌生领域，自找苦吃。

　　因为是写给孩子们看的，我的宗旨是：全面收集古今资料，力求传递英杰人物的核心精神。

　　从历经千百年的历史文献和文学作品中寻找有当代价值

的少年英雄人物及其事迹，是一项浩大的工程。

我得先确定哪个重要人物既是青史留名又是年少成名，然后再去查他的事迹和作品。

一个夏天，从重读《史记》开始，我看了六七百万字的史书、人物传记、文学作品。

琢磨透一个人物，我就写一篇，一篇，一篇，又一篇……

我得找出每个人物的闪光点，找出他对当代青少年有什么教益。

我还得尽量写得通俗一点，让少年读者容易看懂。

我一边读，一边写。郑板桥说得多好，多读古书开眼界：

删繁就简三秋树，

领异标新二月花。

写书成了次要的，读书才最快乐。我老了还能一天读几个小时书，乐在其中，乐而忘忧。

十几年前，孙女阿牛读初中，"家长"（牛运清教授）给她写了幅字：自古英雄出少年。

阿牛把这幅字挂在书房里，她经常坐在这幅字下边敲电

218

脑，上网课。

在这幅字下边，阿牛完成了《纸墨》（牛雪莹著），这本书在当当等网站畅销。

在这幅字下，阿牛收到了清华大学新闻与传播学院博士研究生的入学通知书。恰好这时，被她叫作"奶胖"者，把这套《自古英雄出少年》写完。这下，可以把她"爷胖"的题字印到封面上了。

马瑞芳

2023 年 10 月